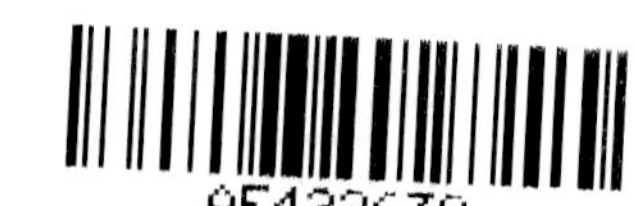

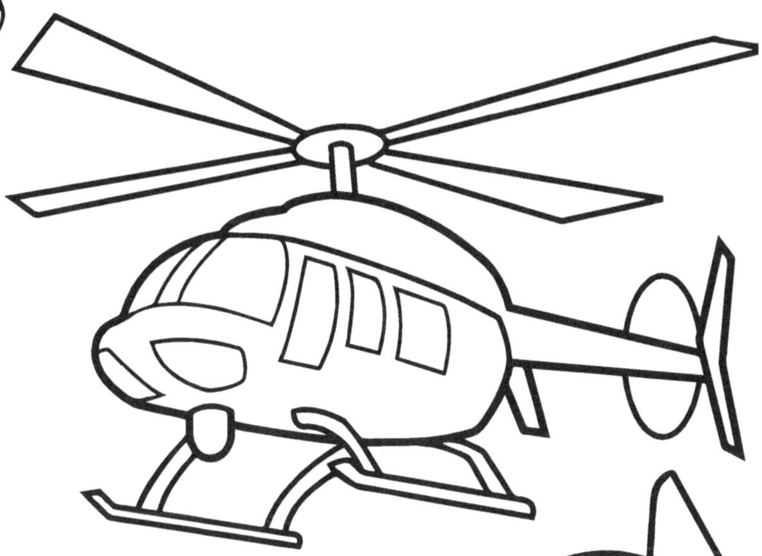

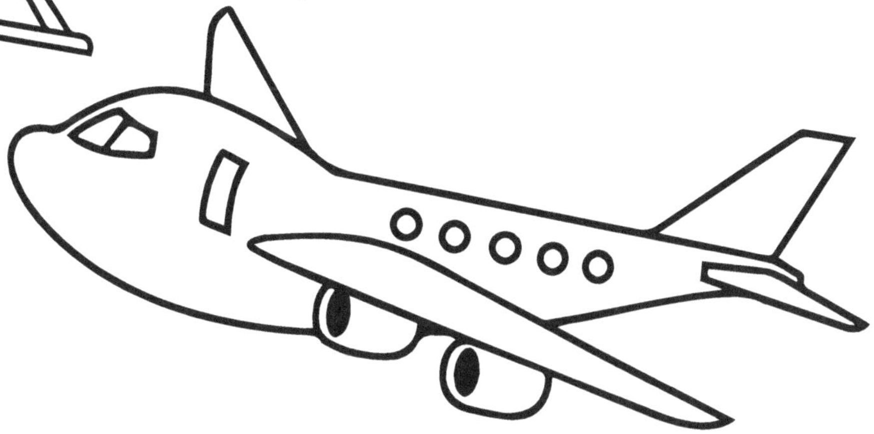

Libro para colorear de avión

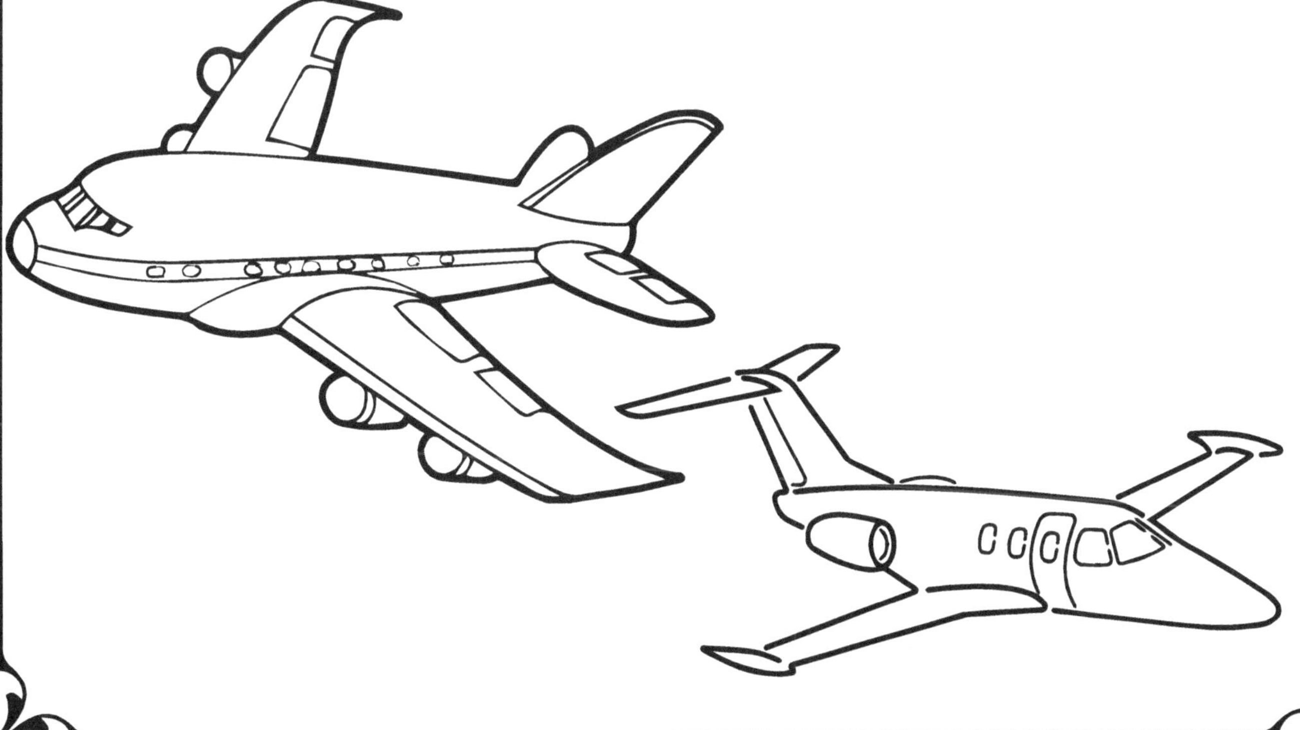

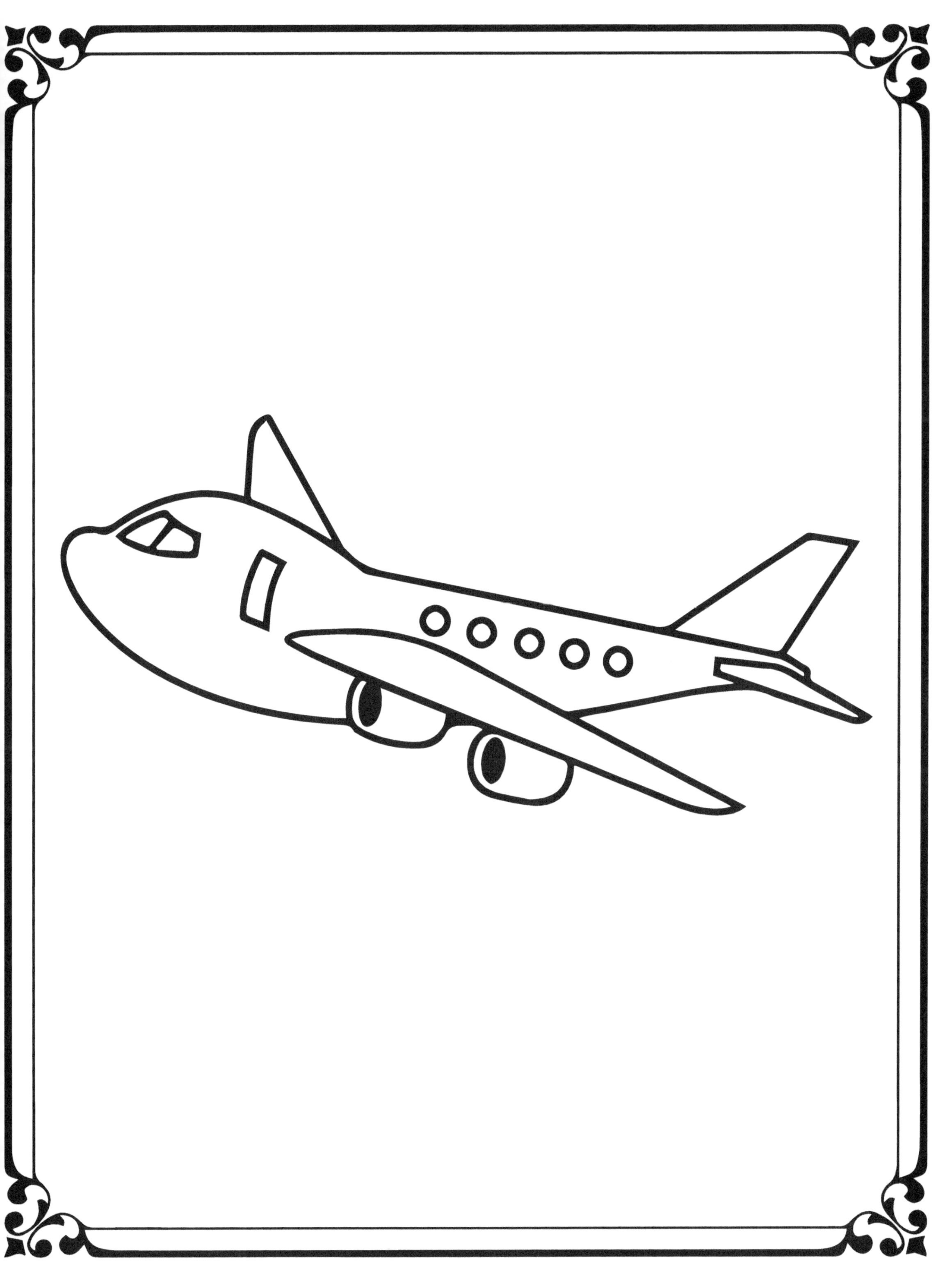

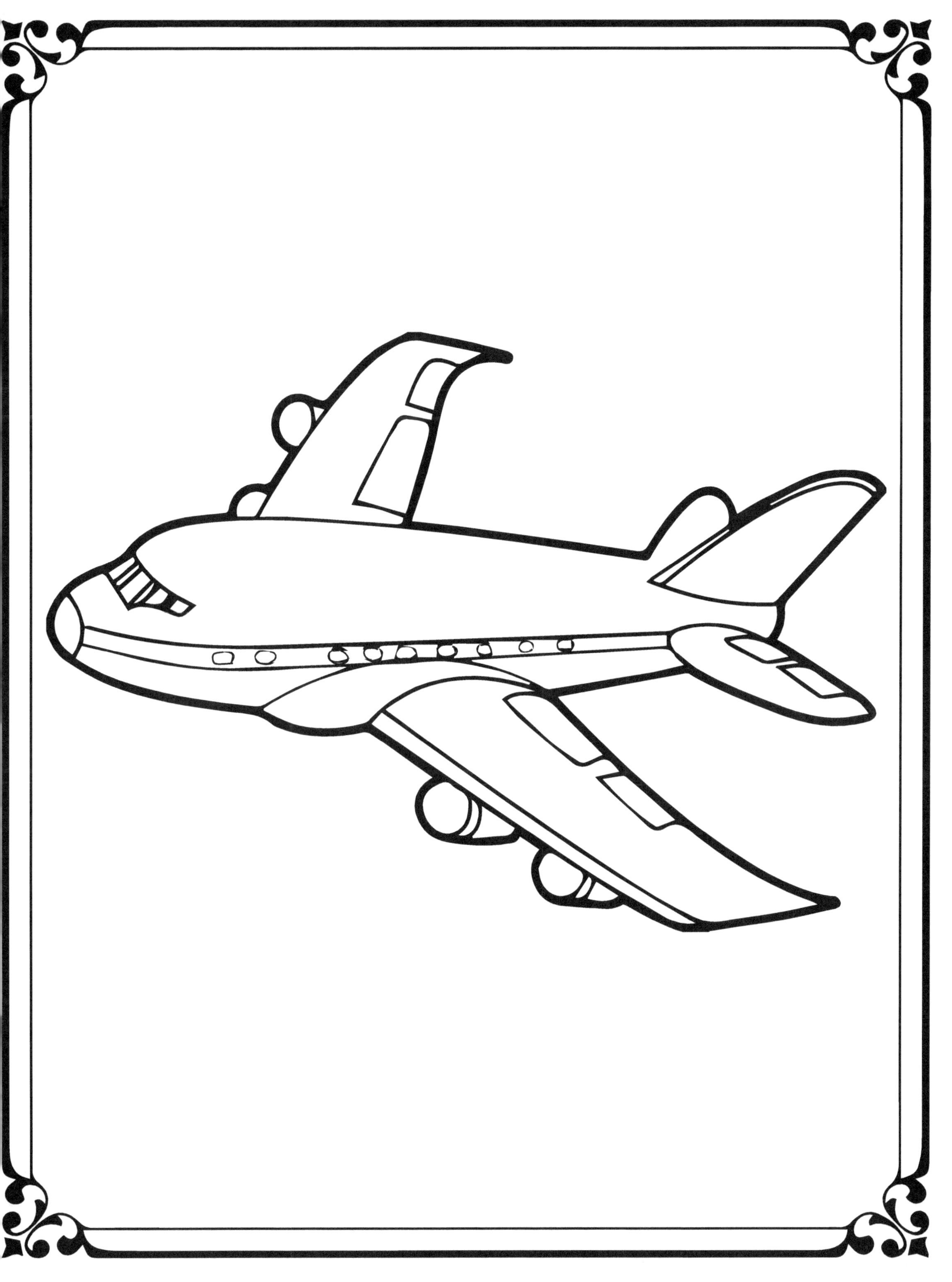

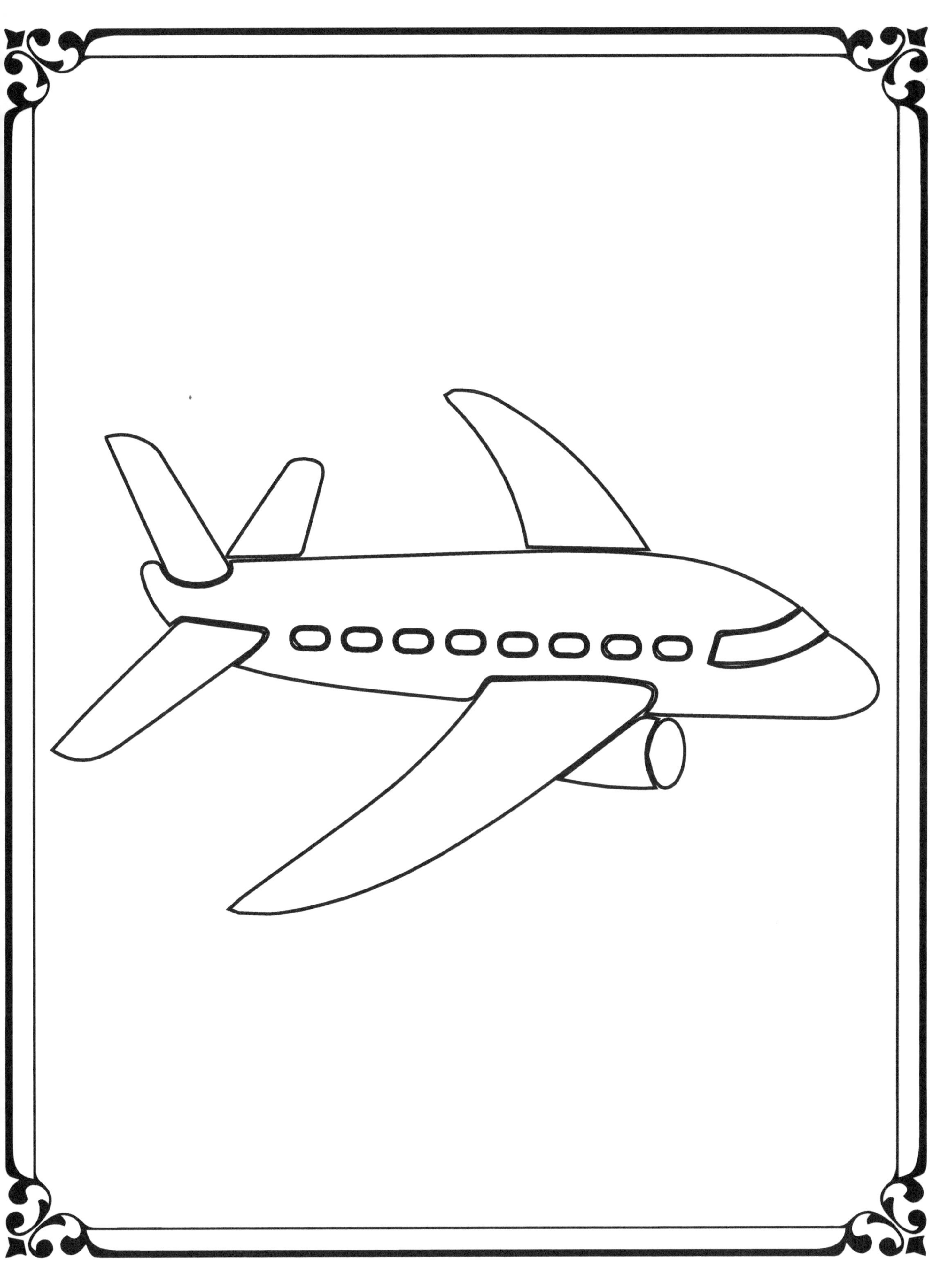

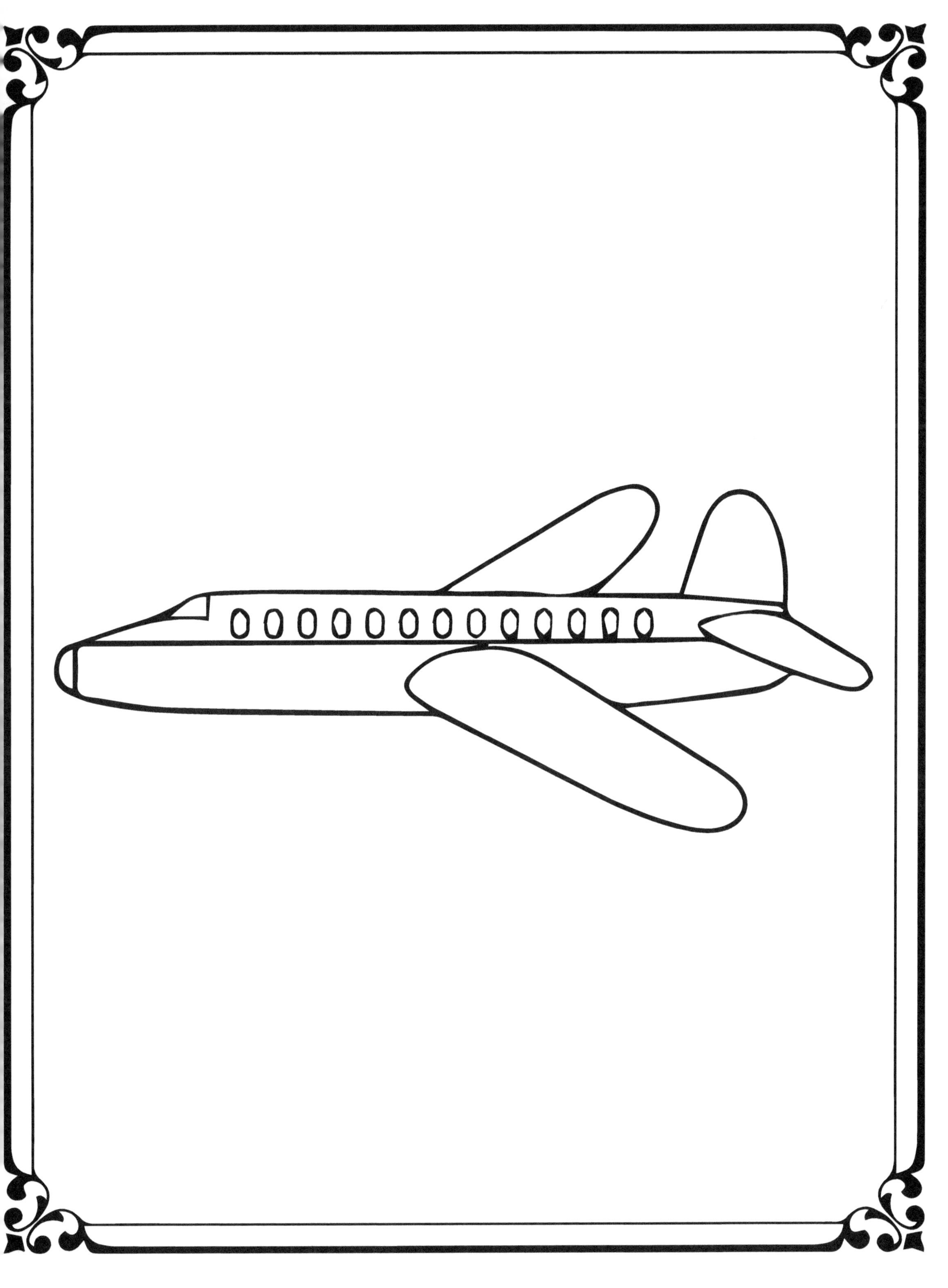

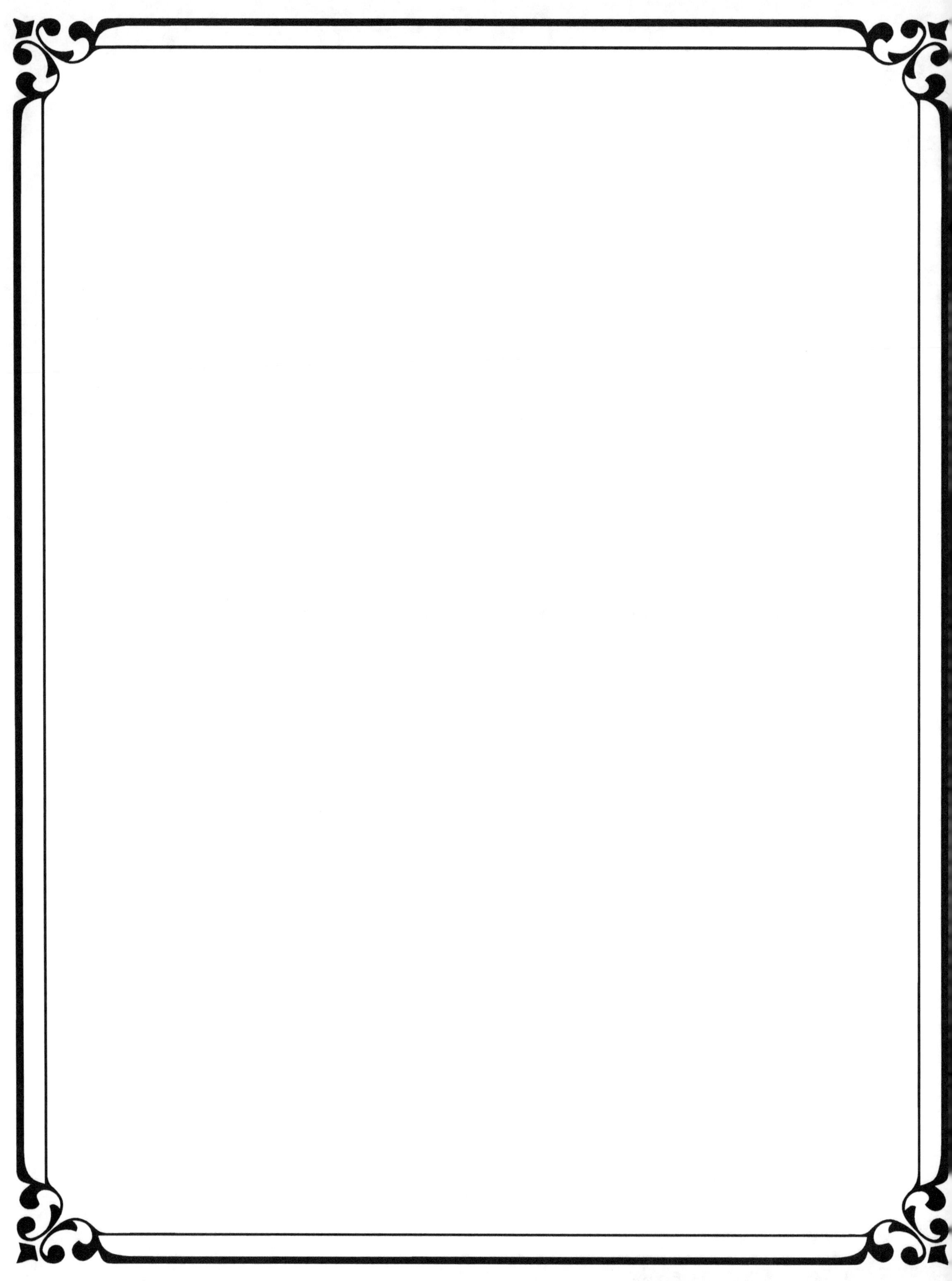

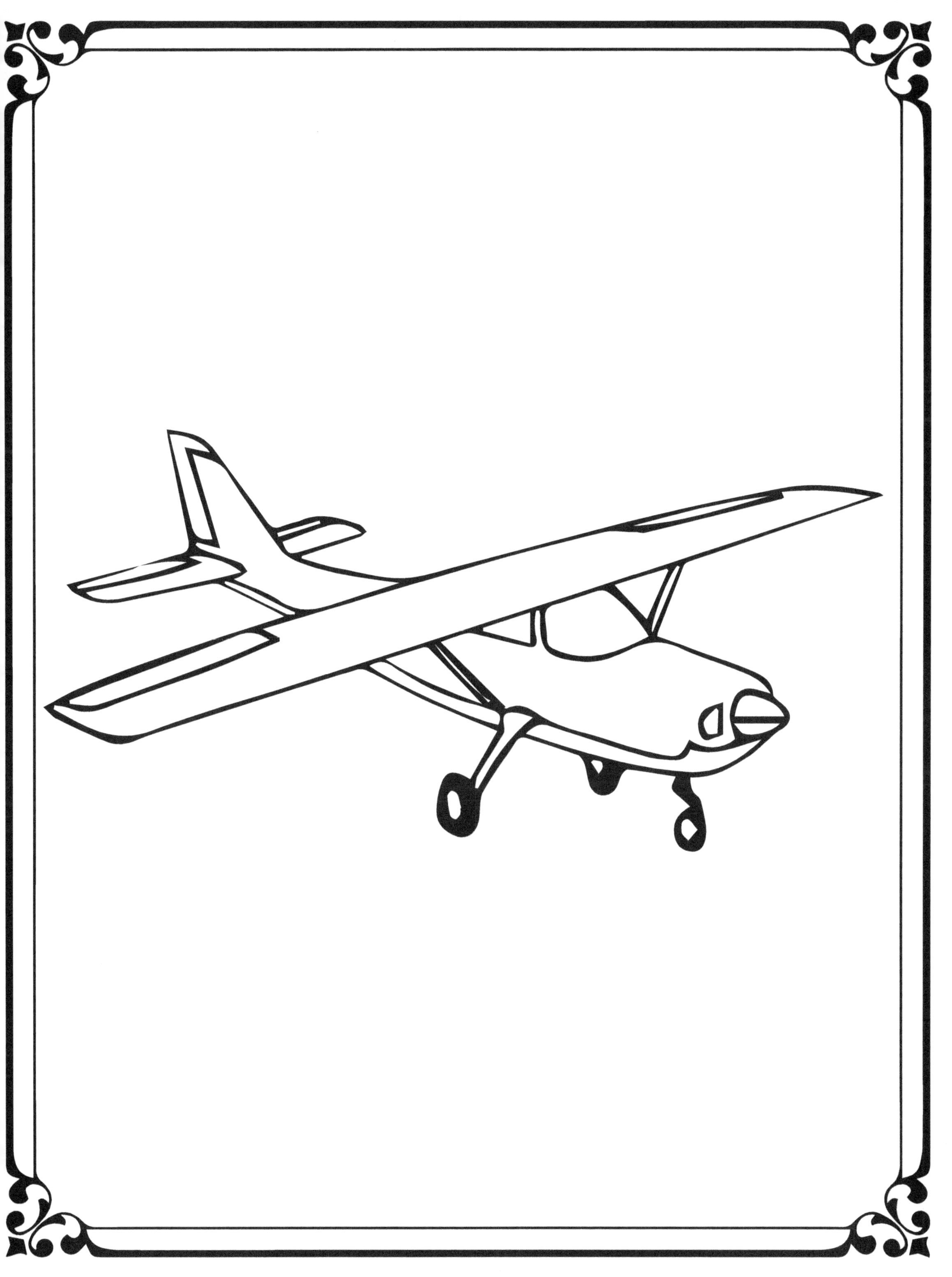

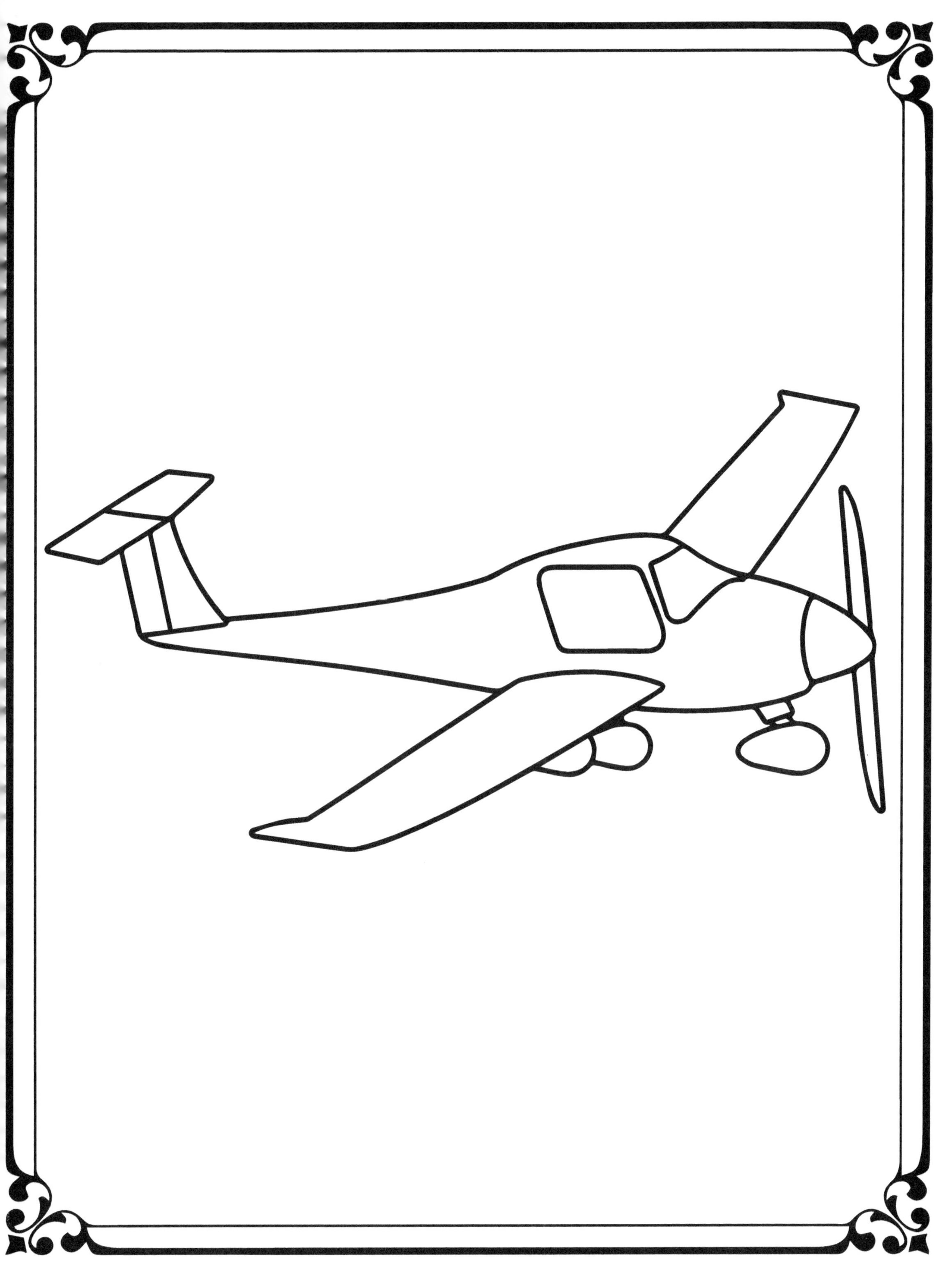

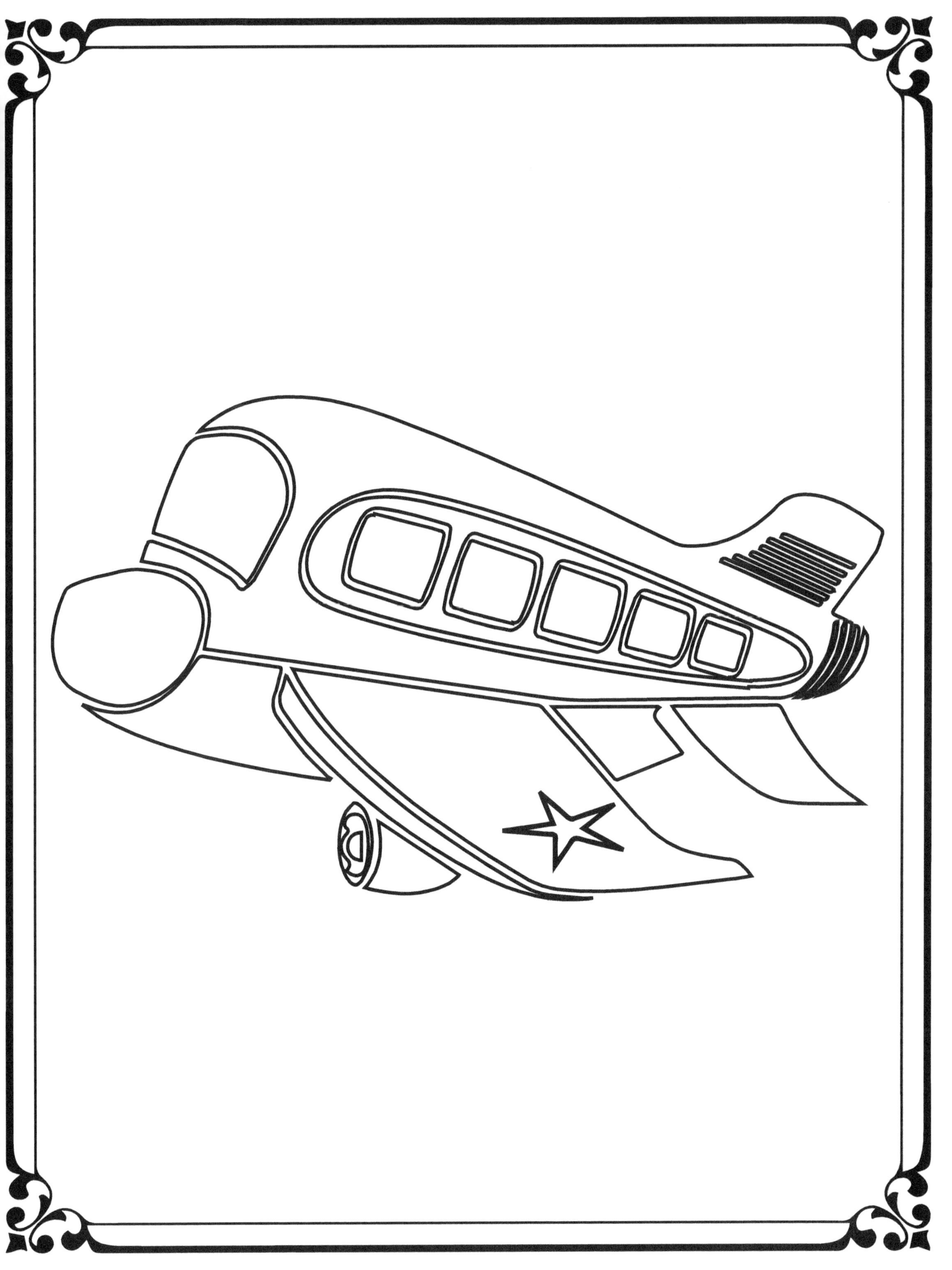

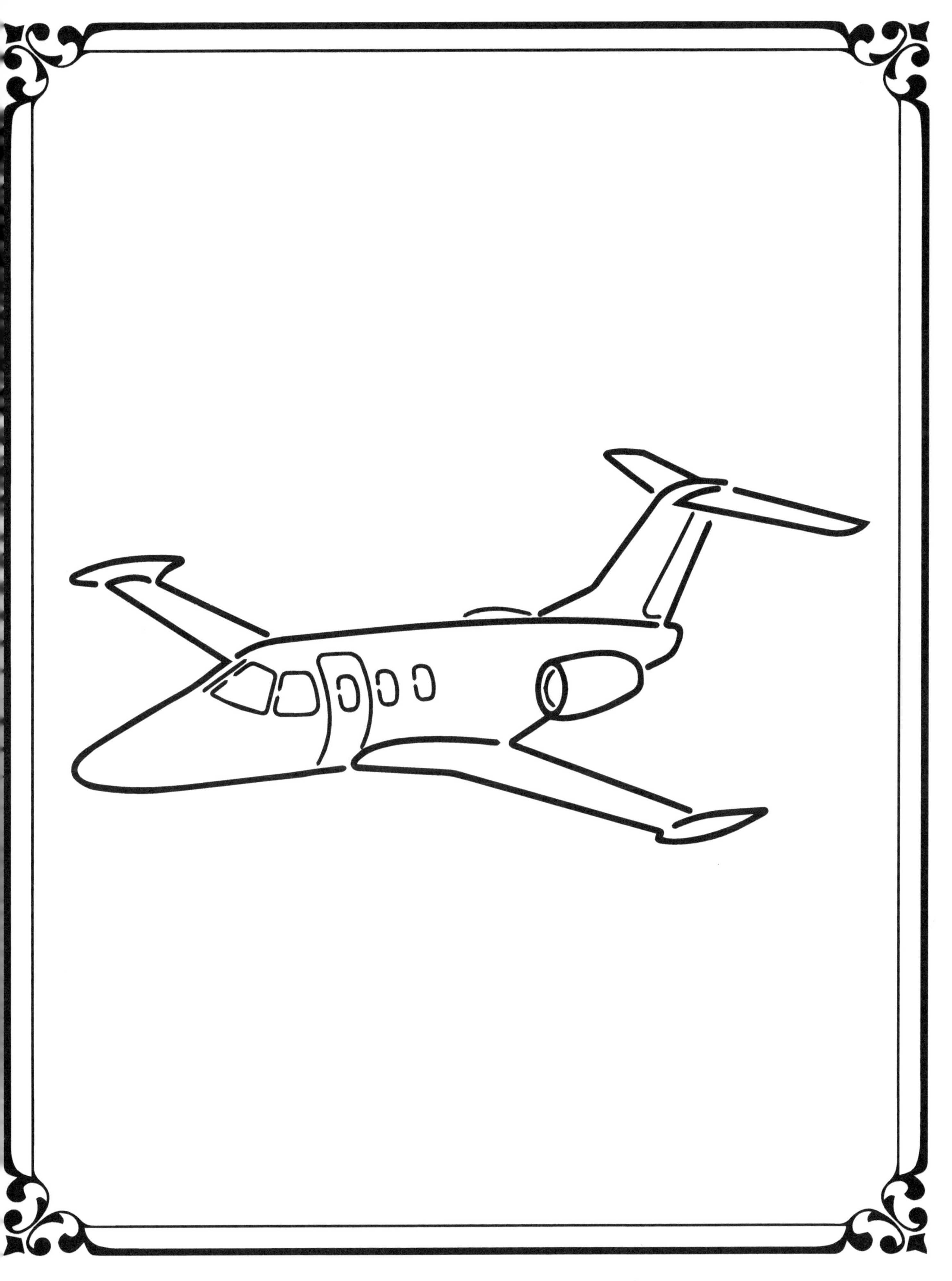

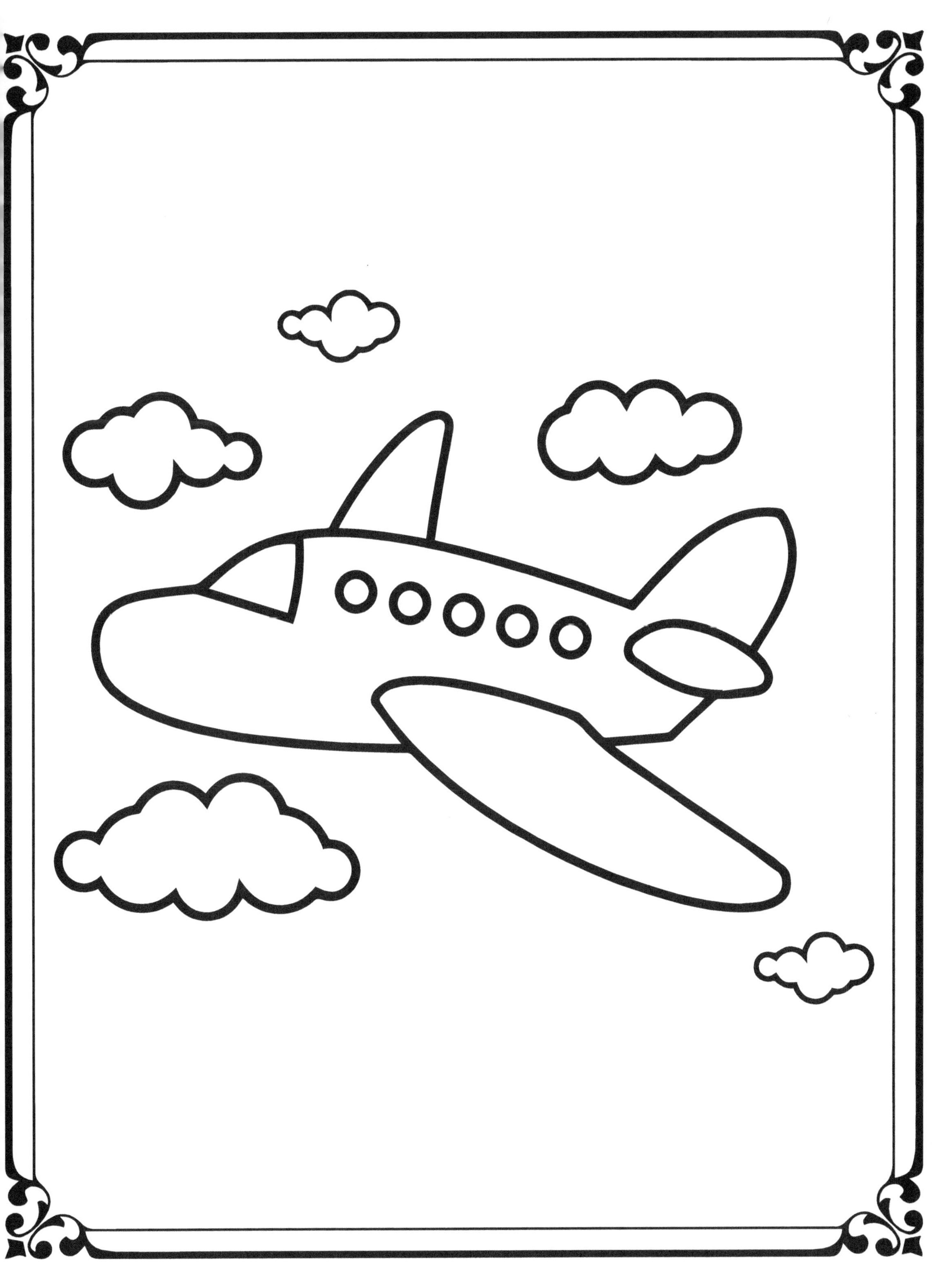

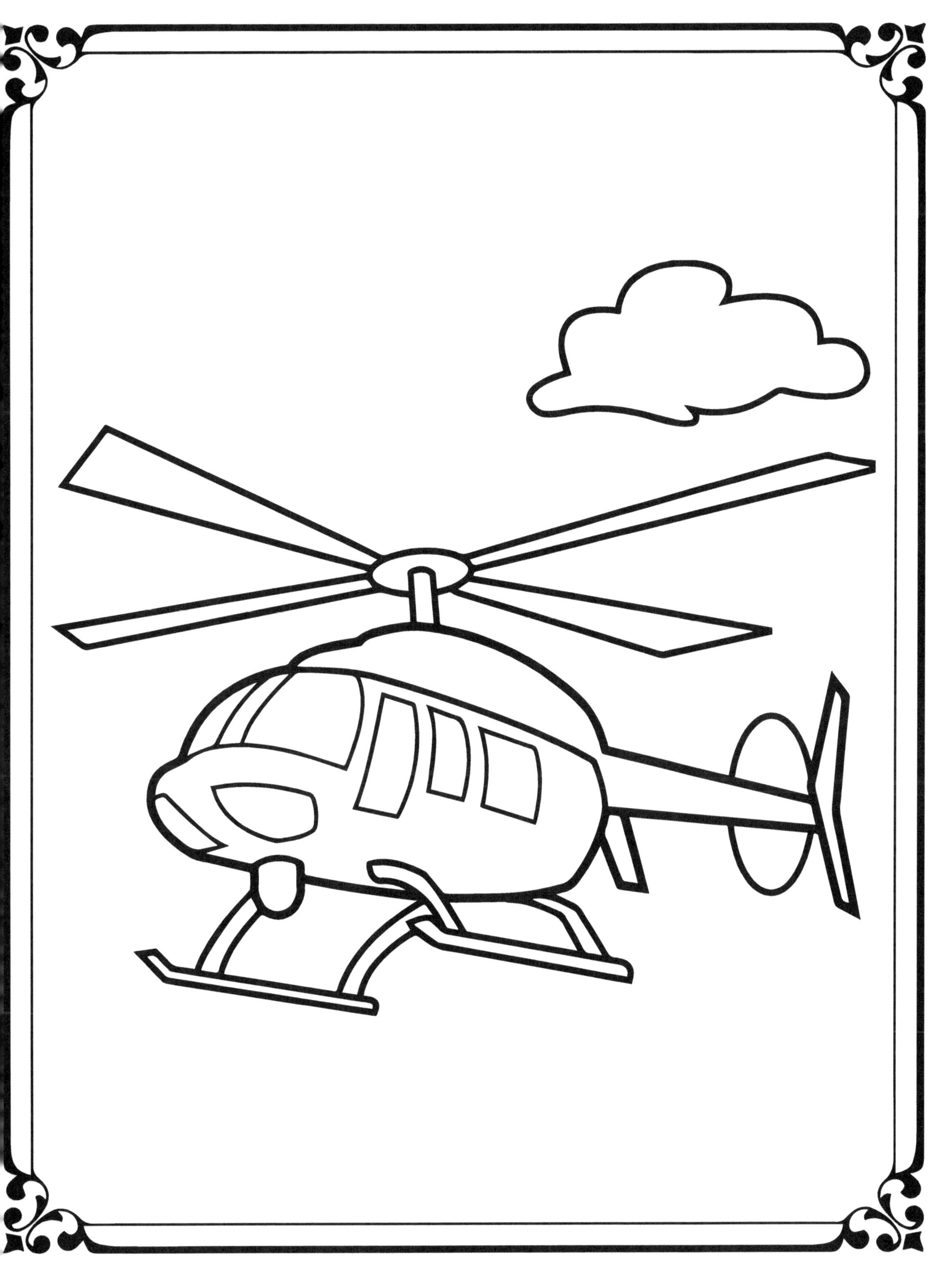

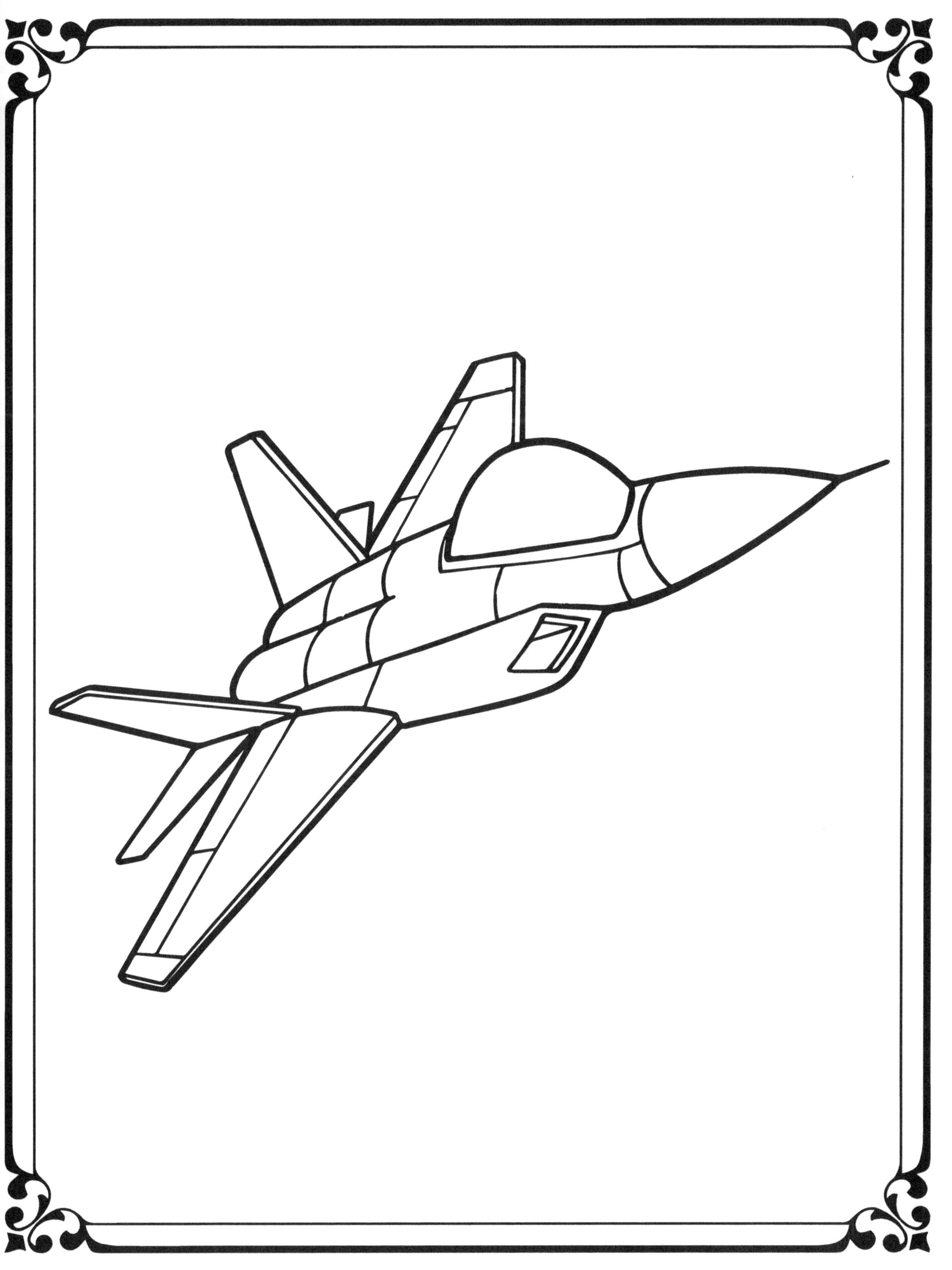

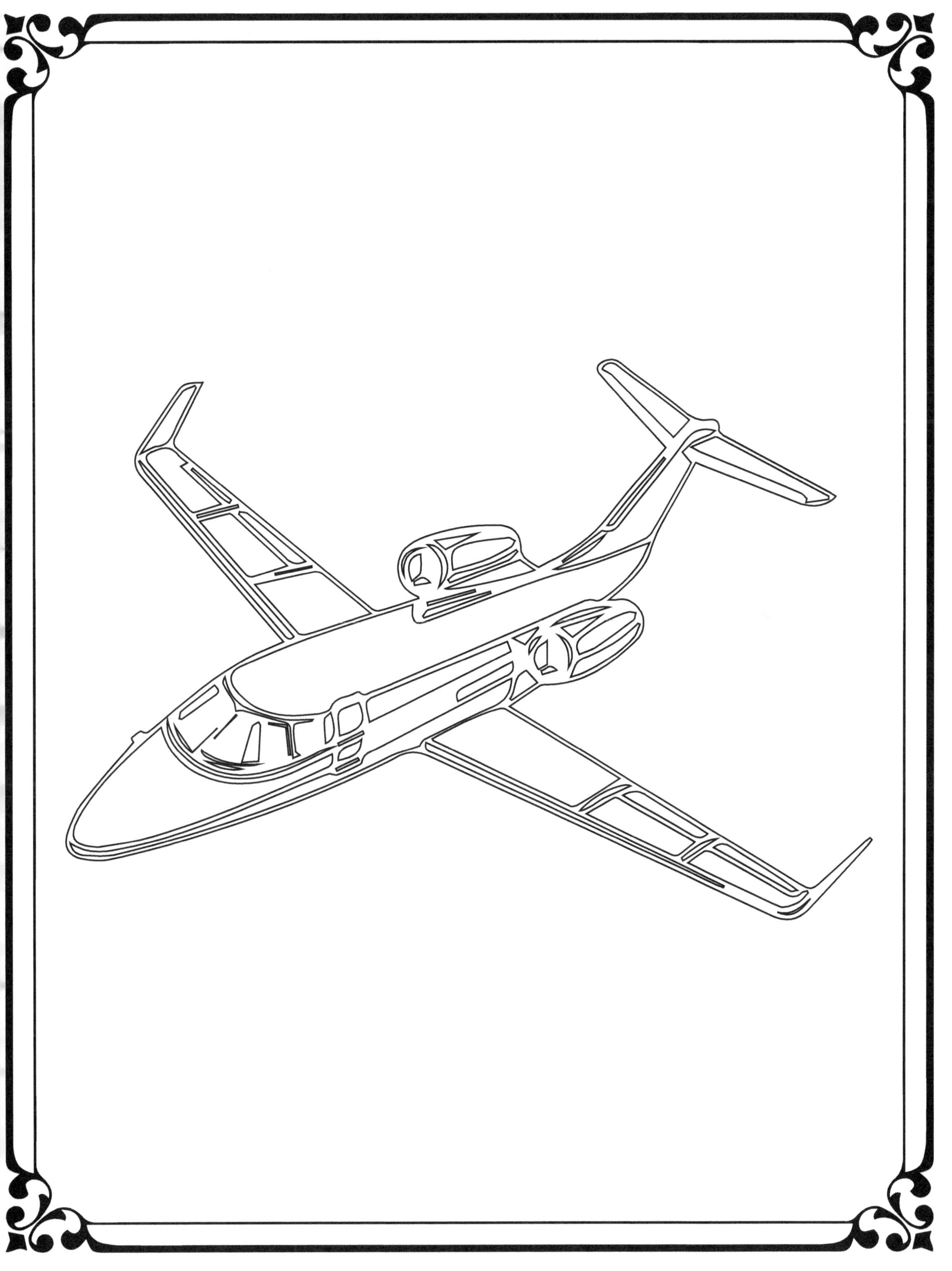

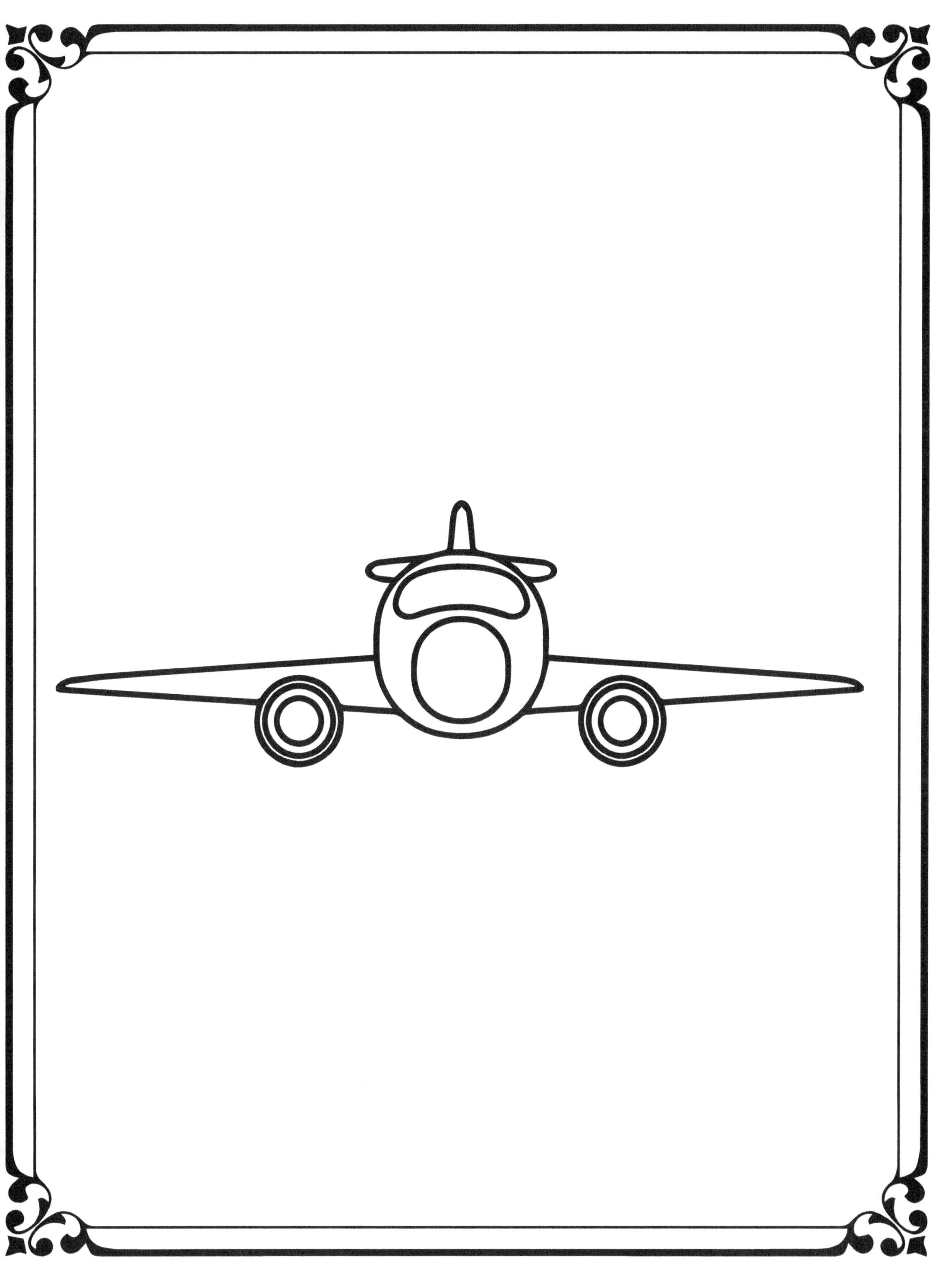

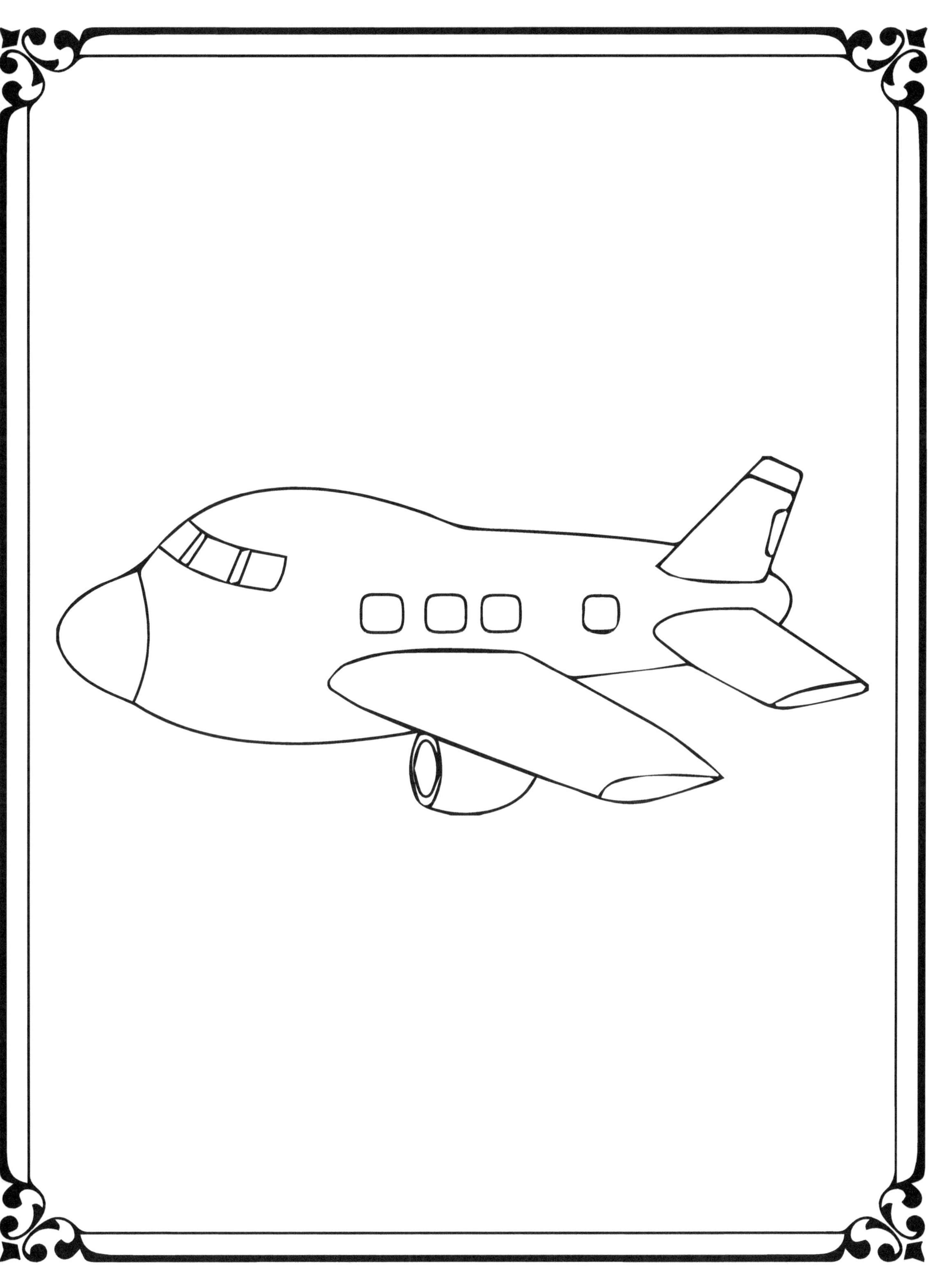

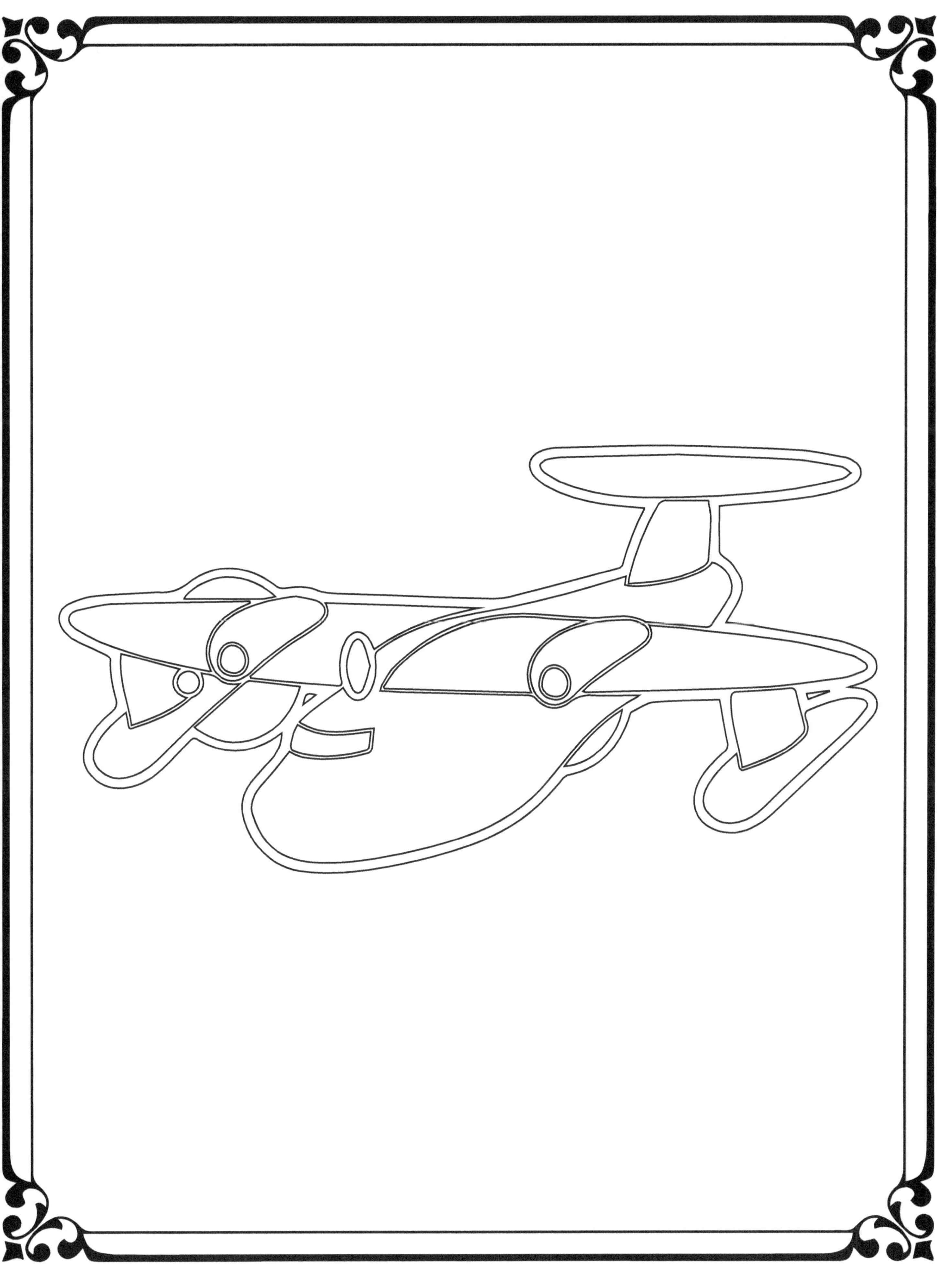

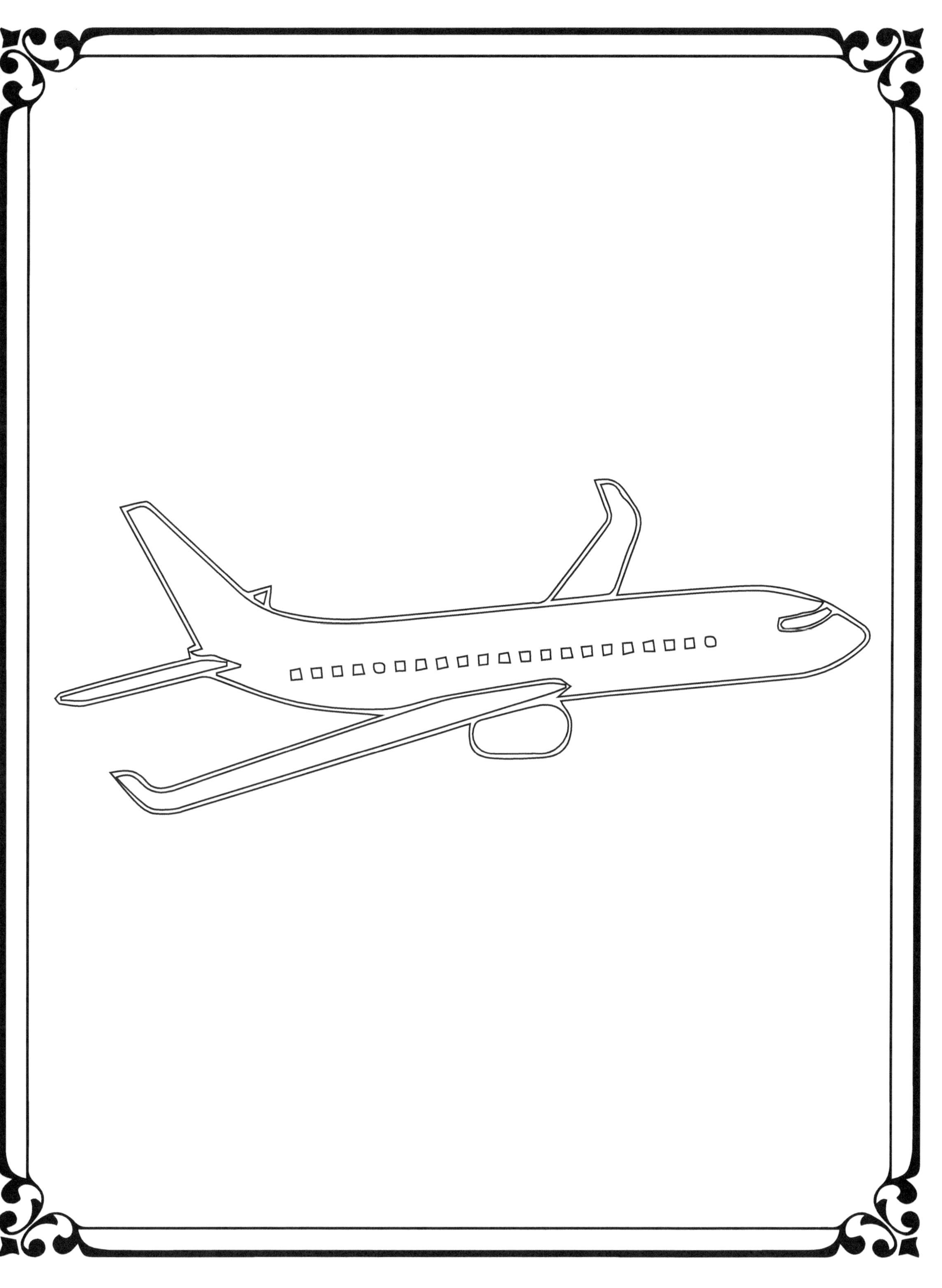

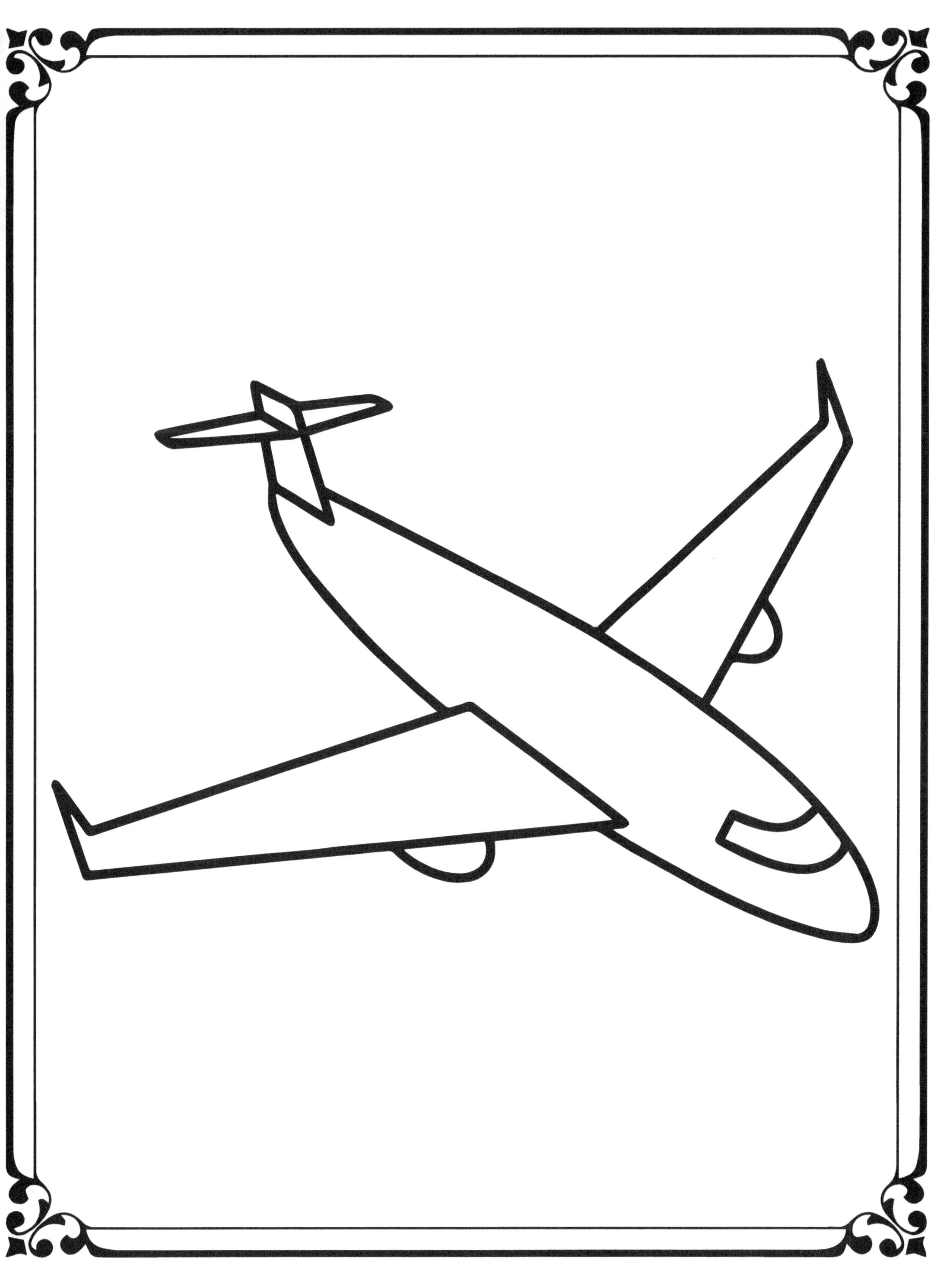

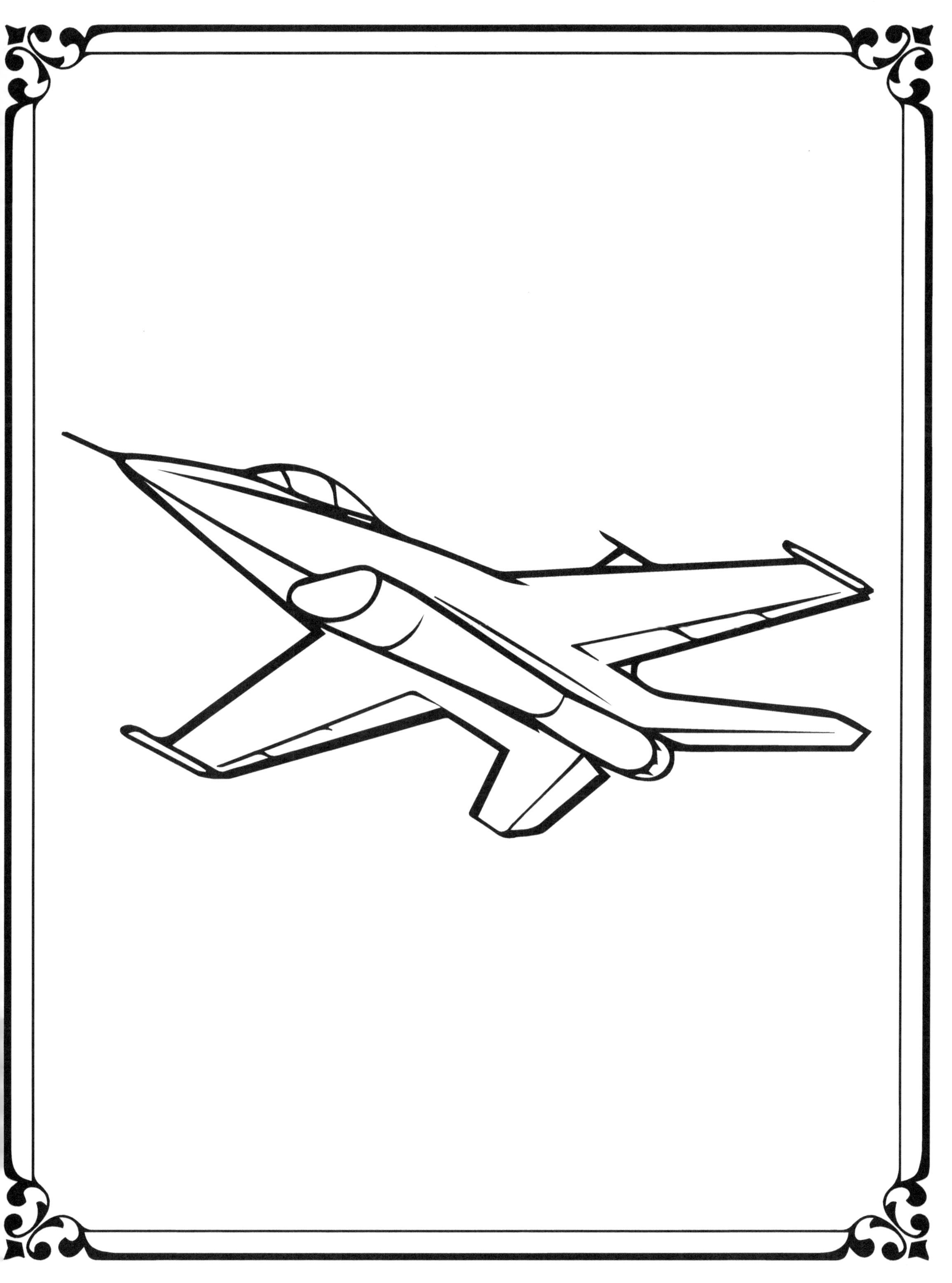

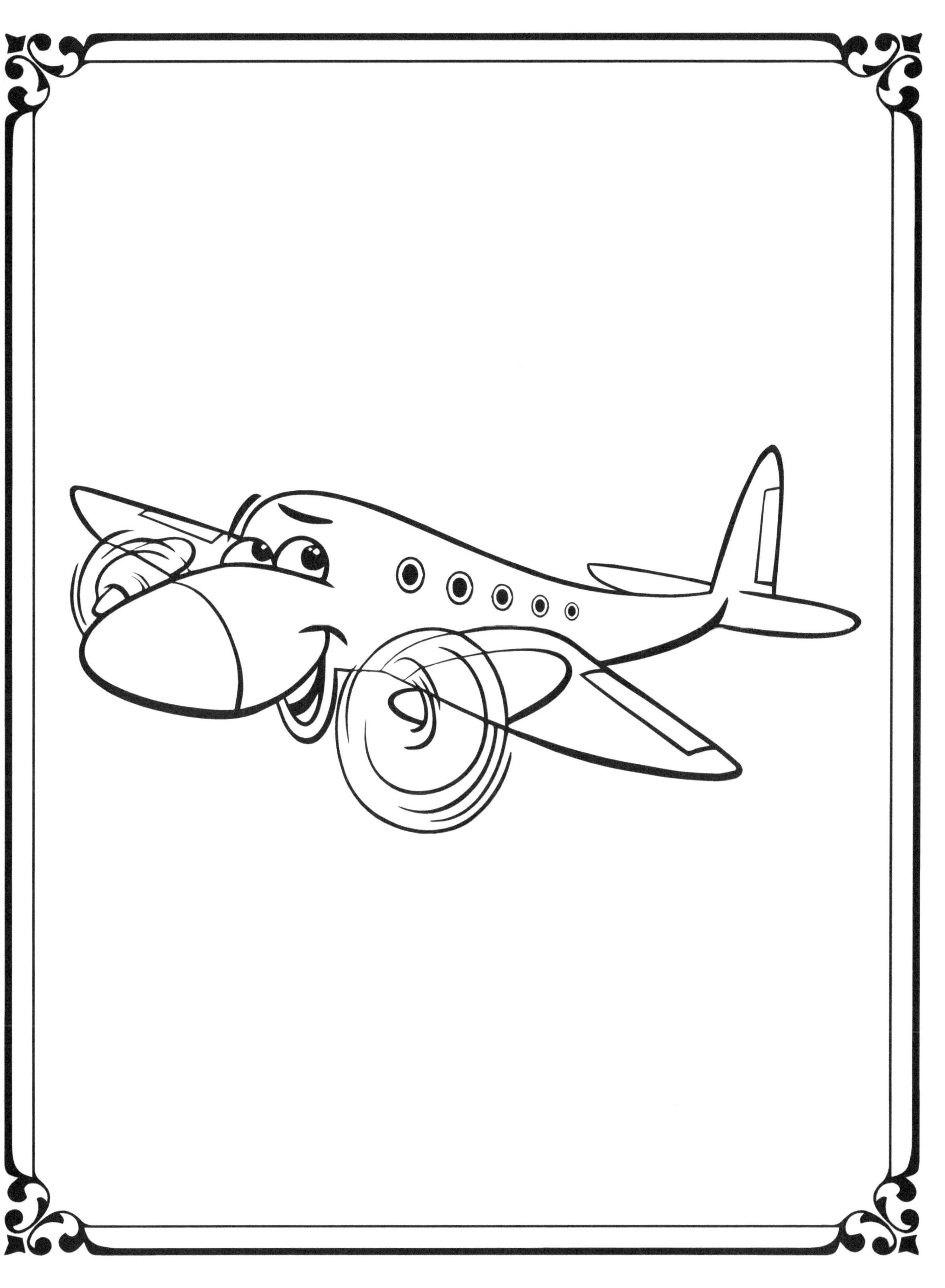

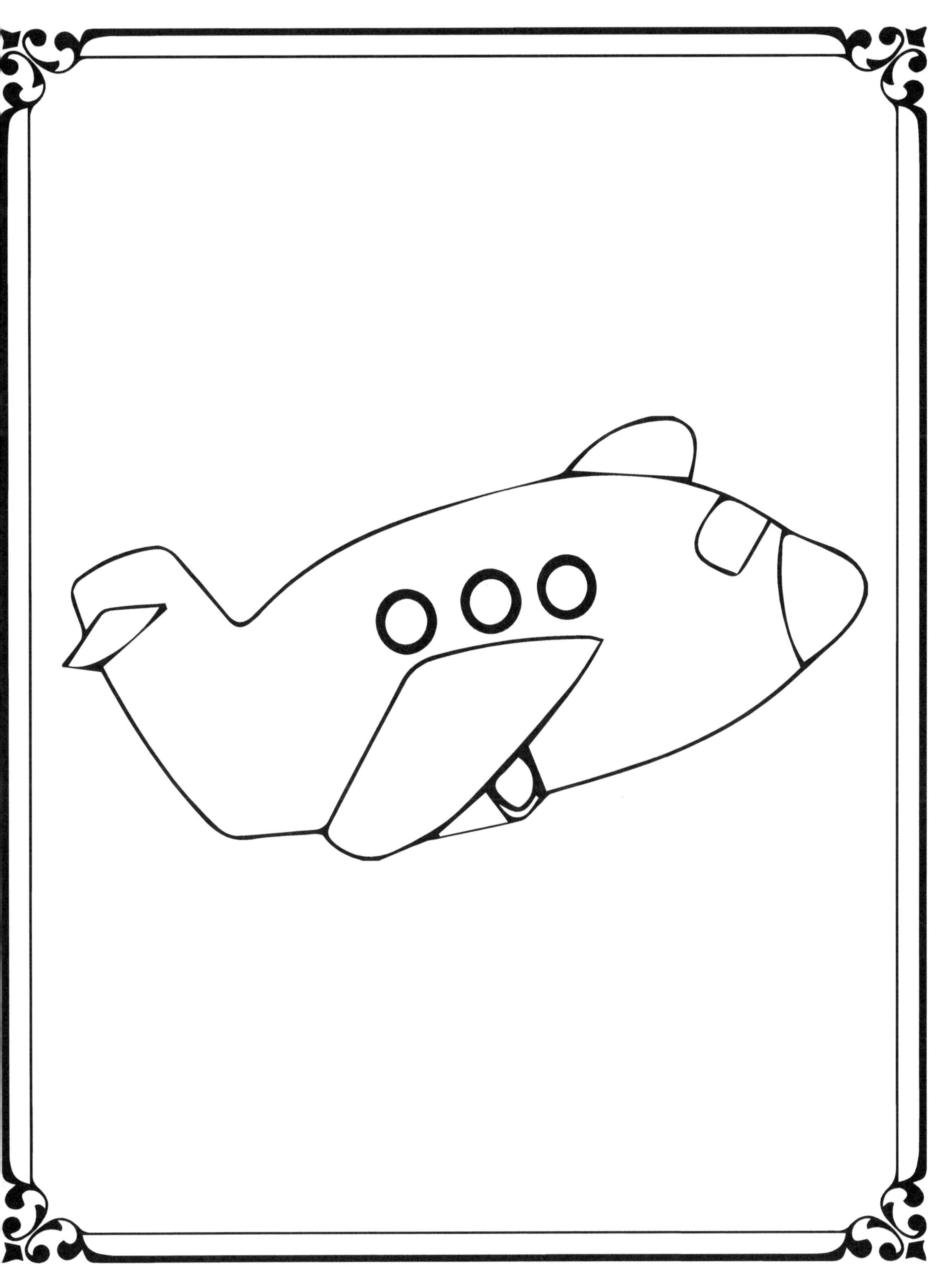

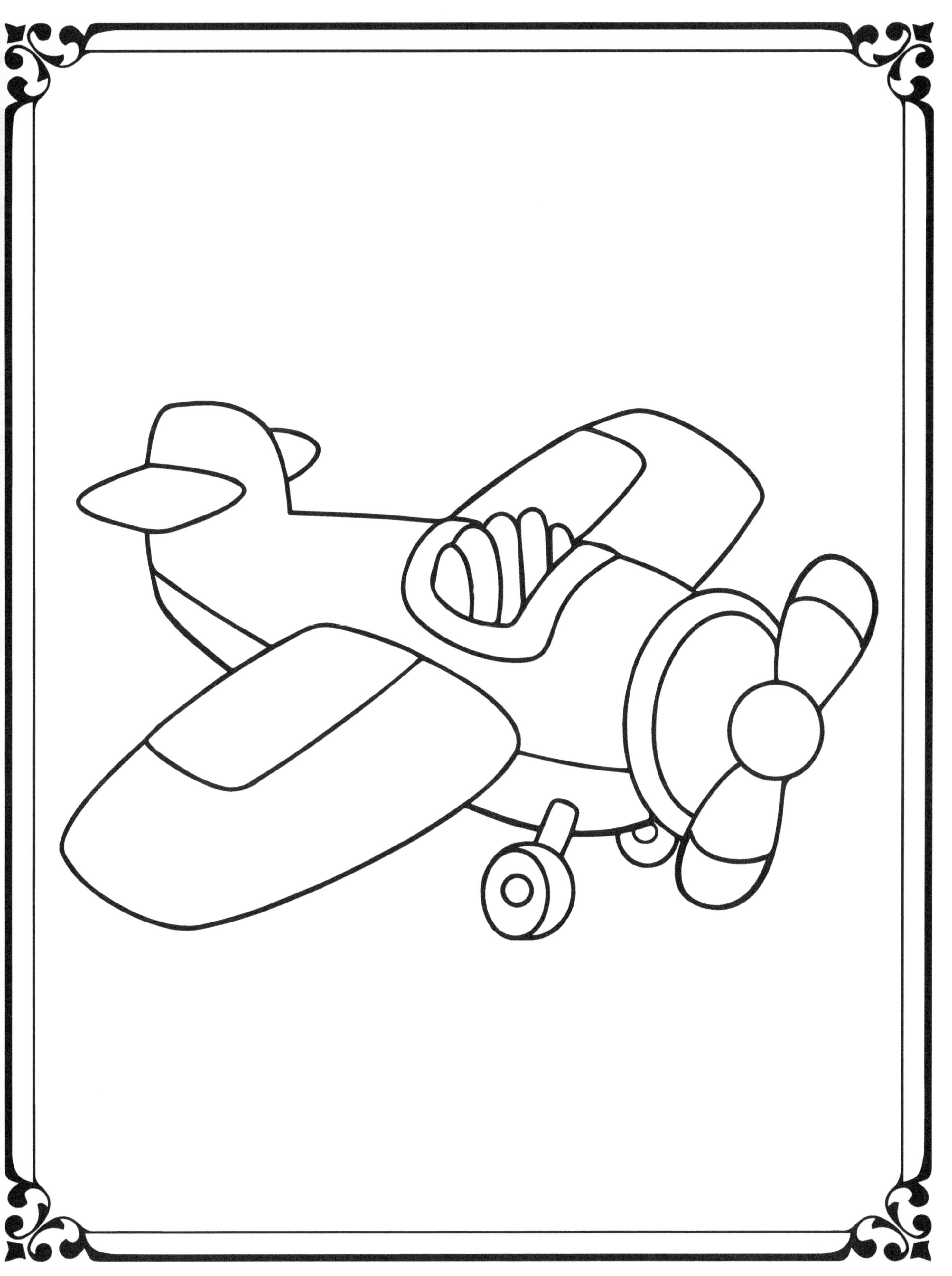

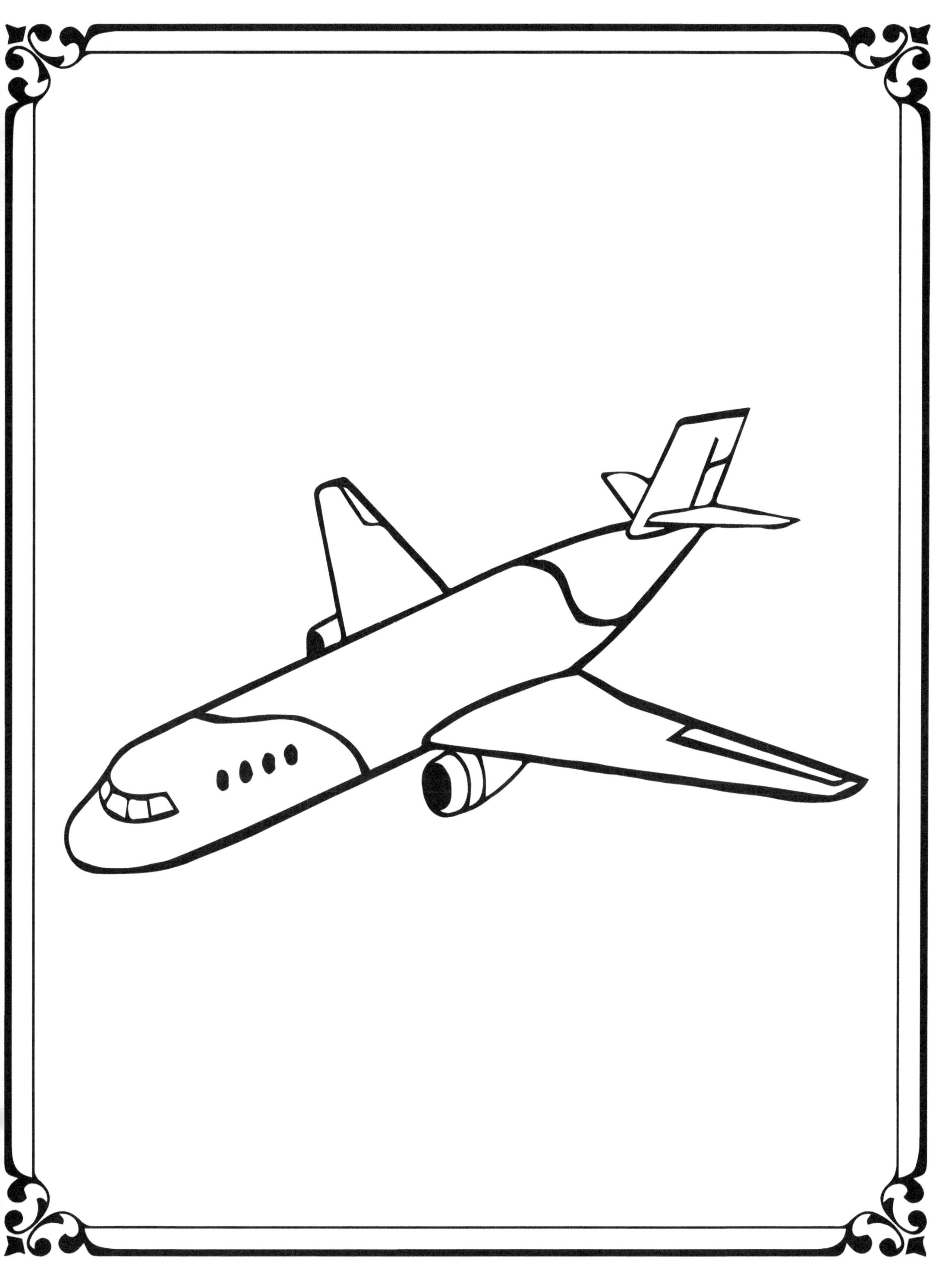

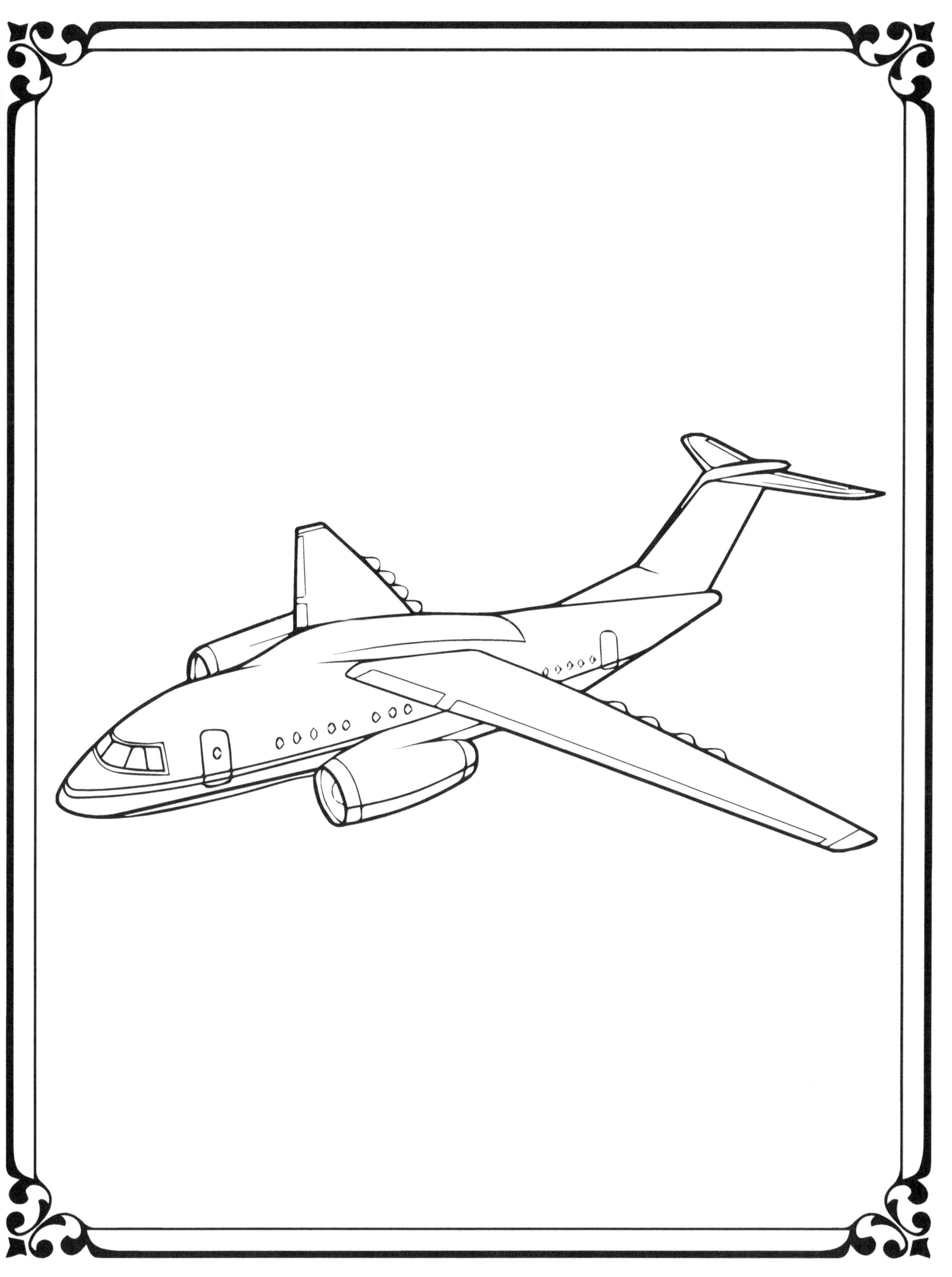

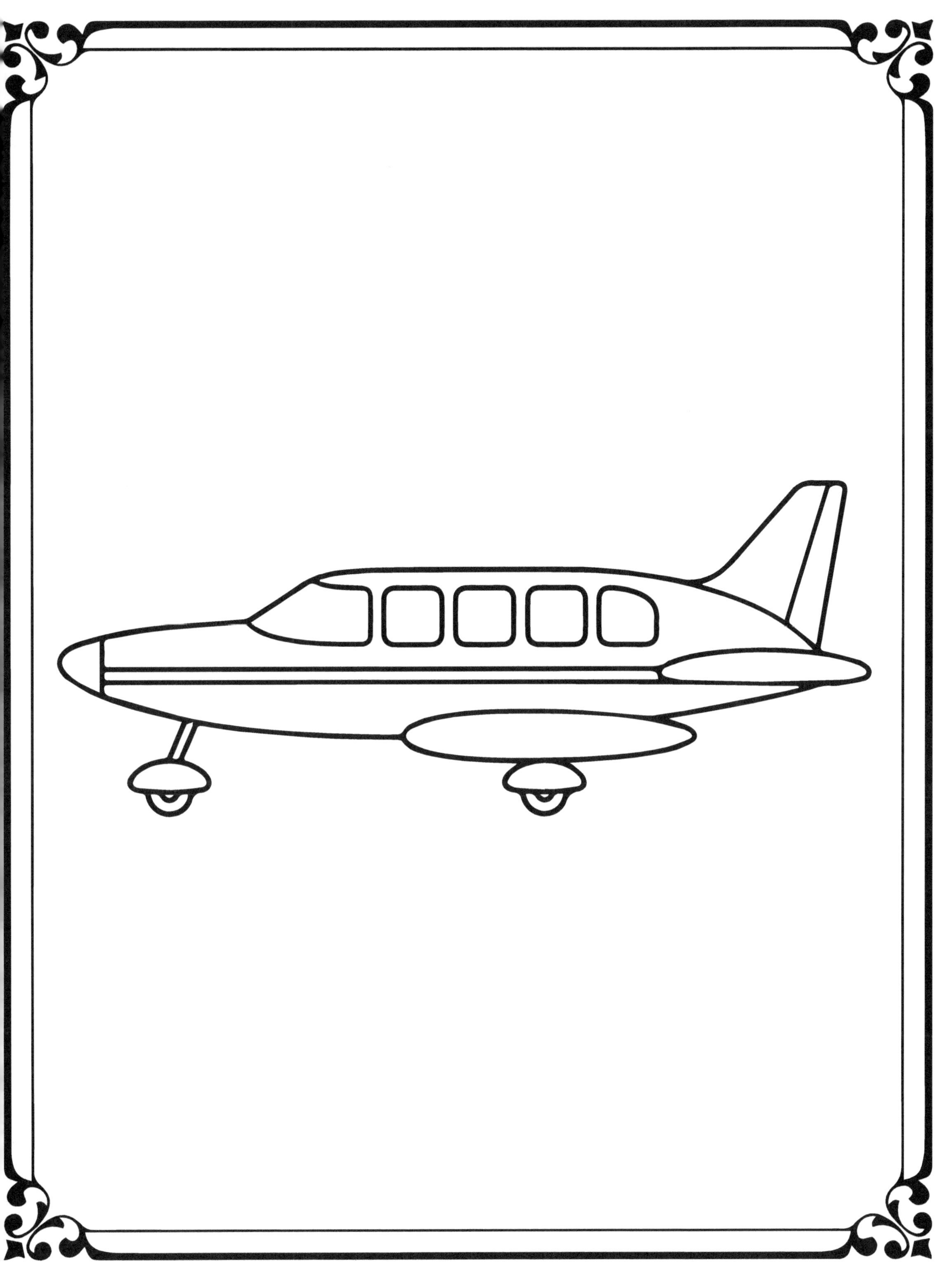

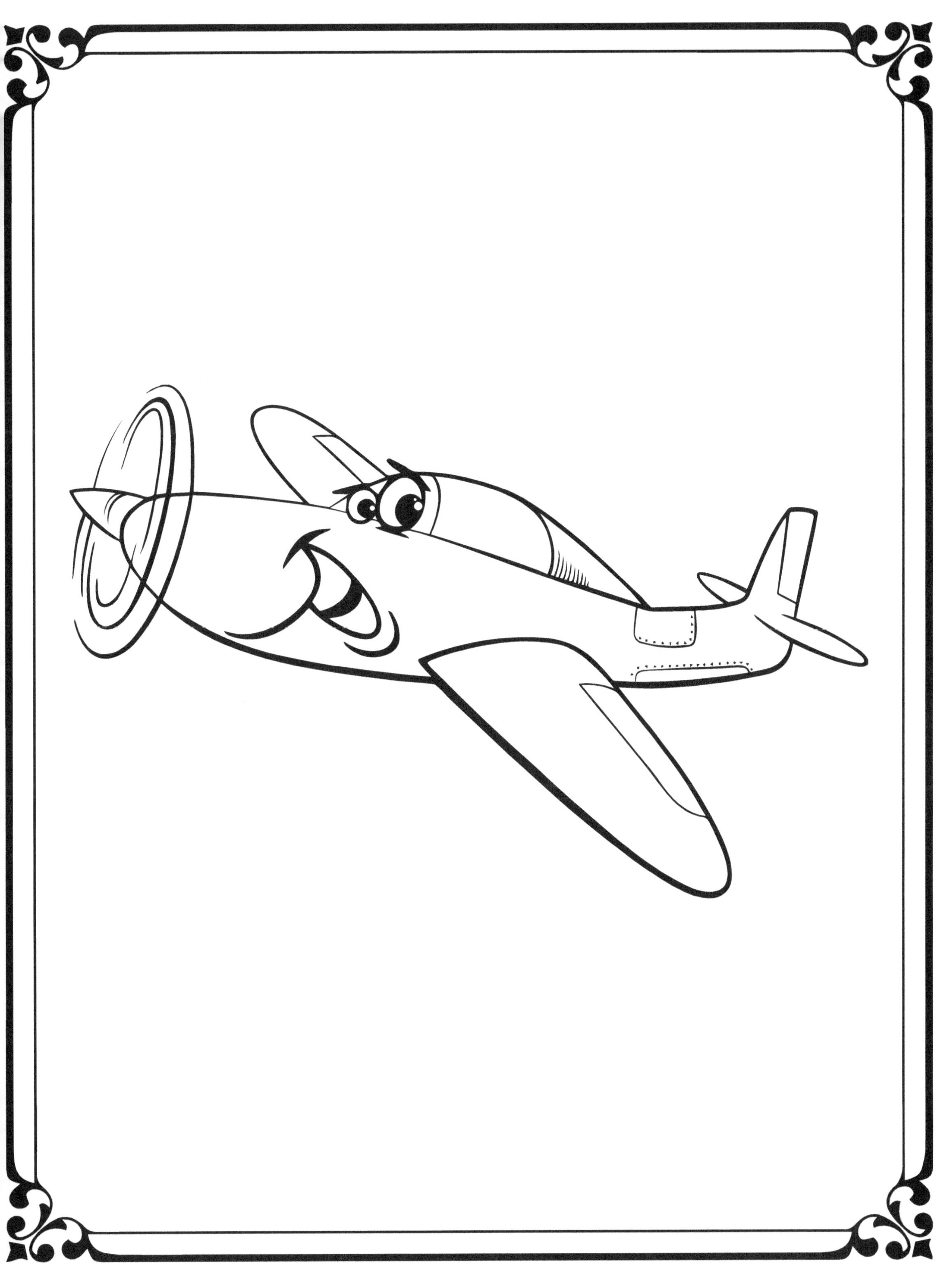

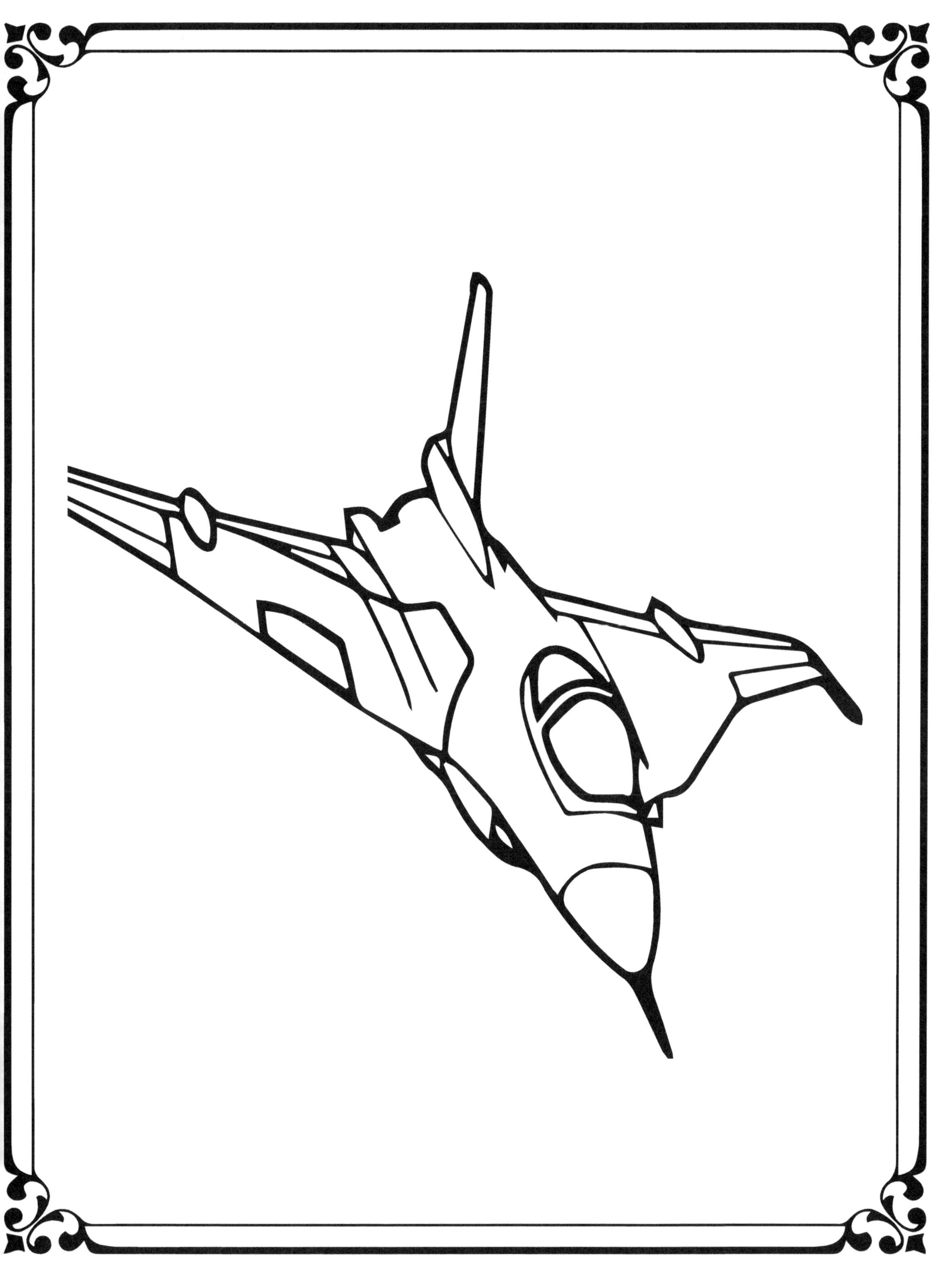

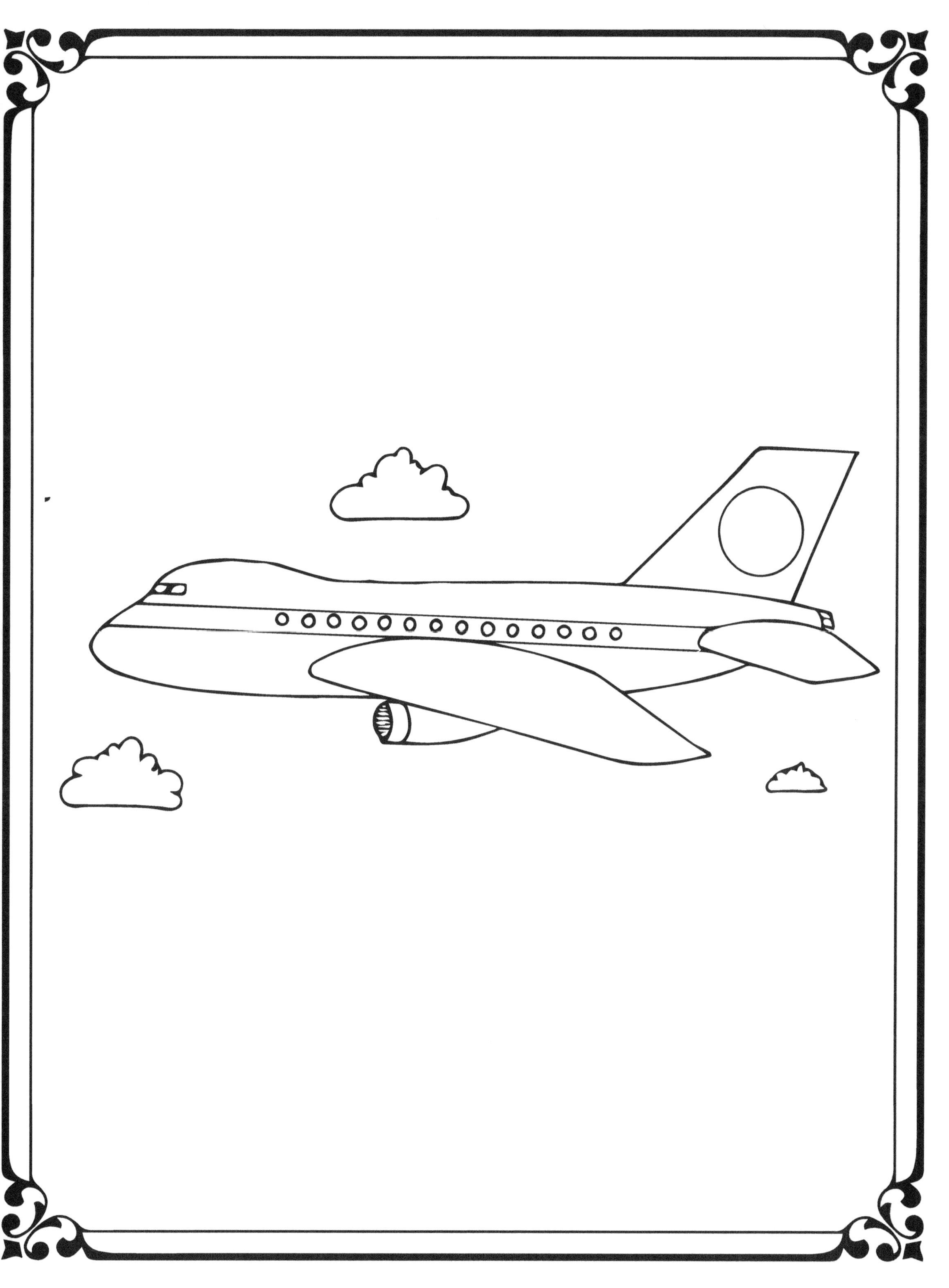

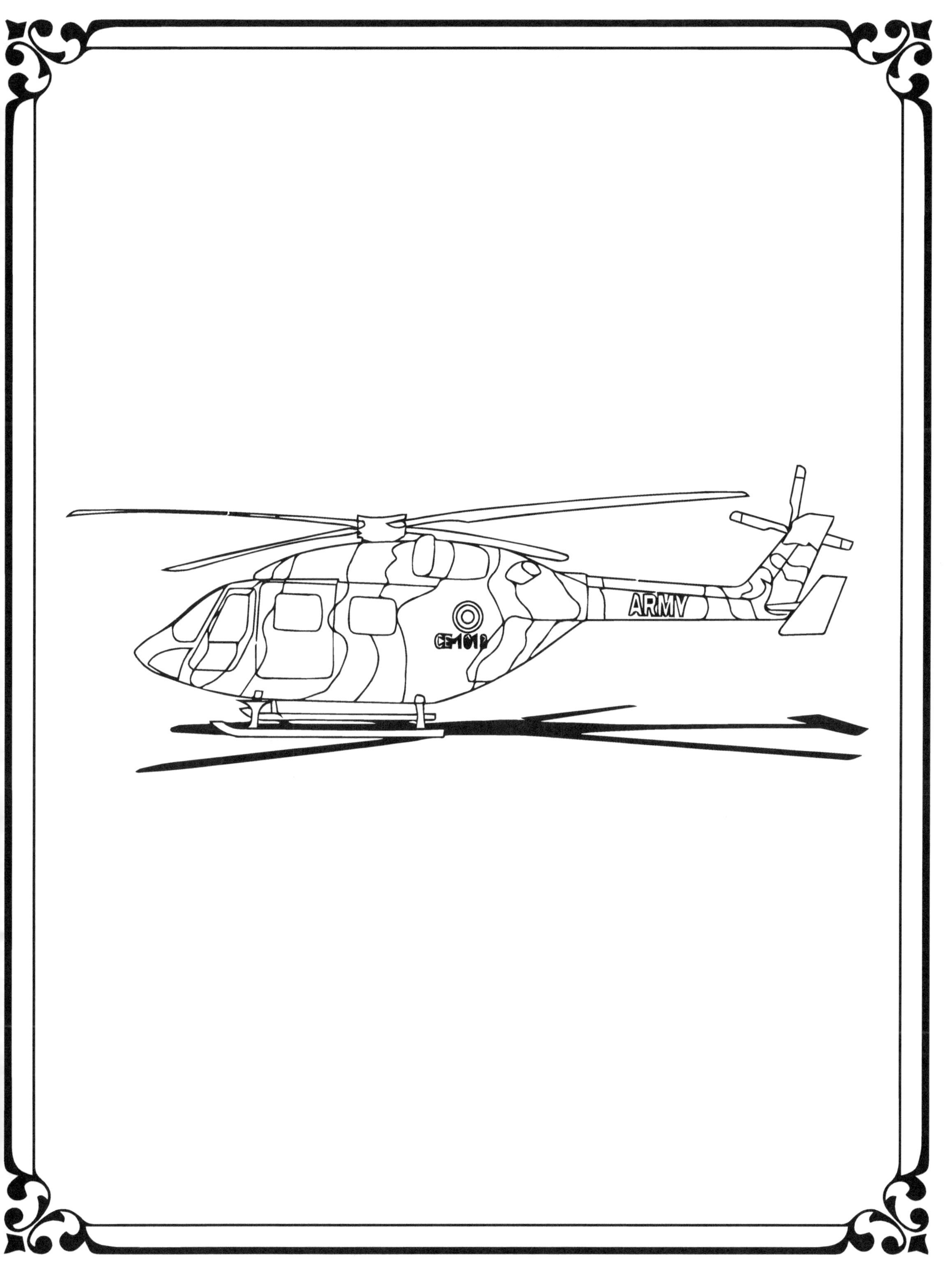

ARMY
CE1019

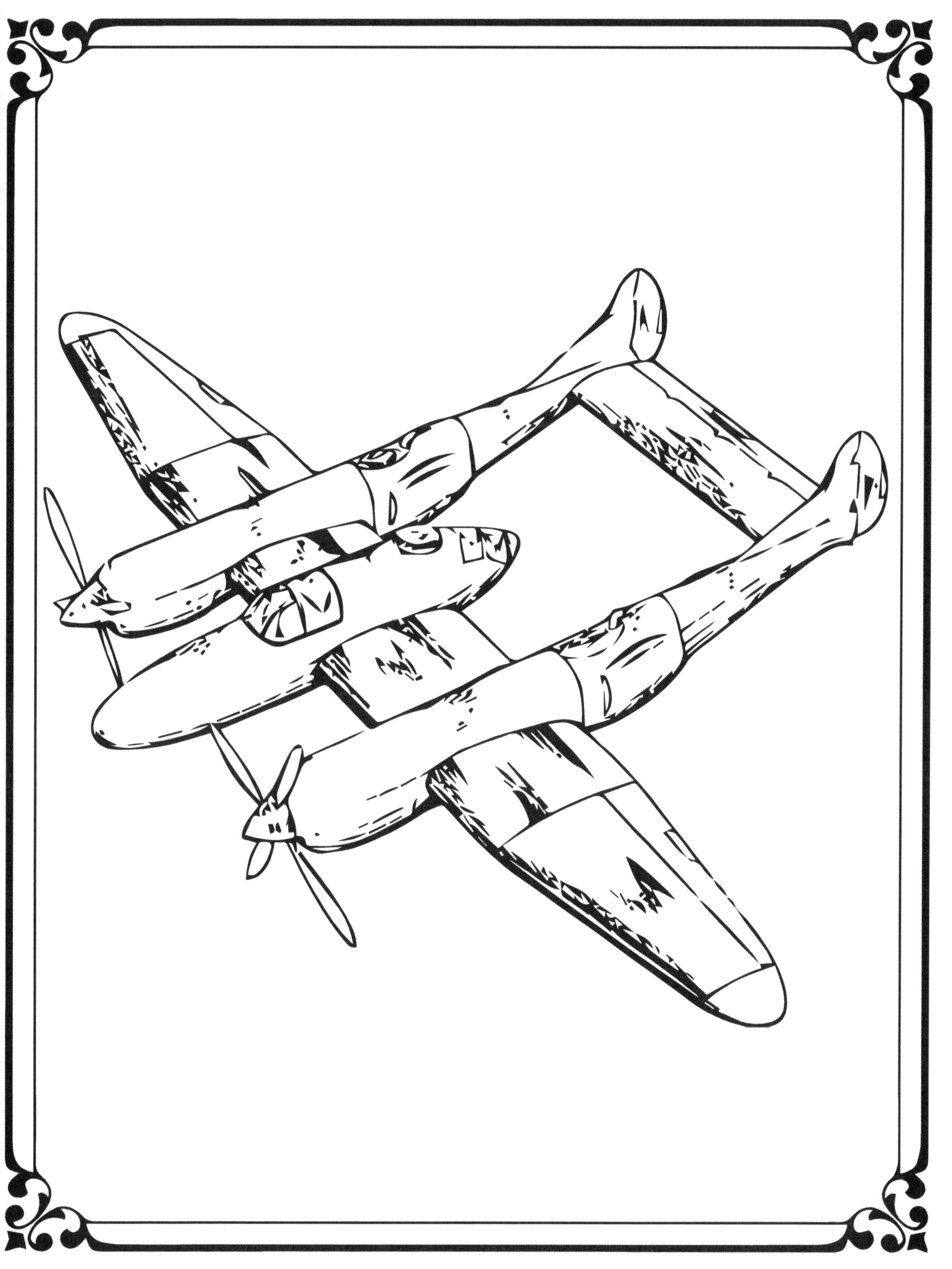

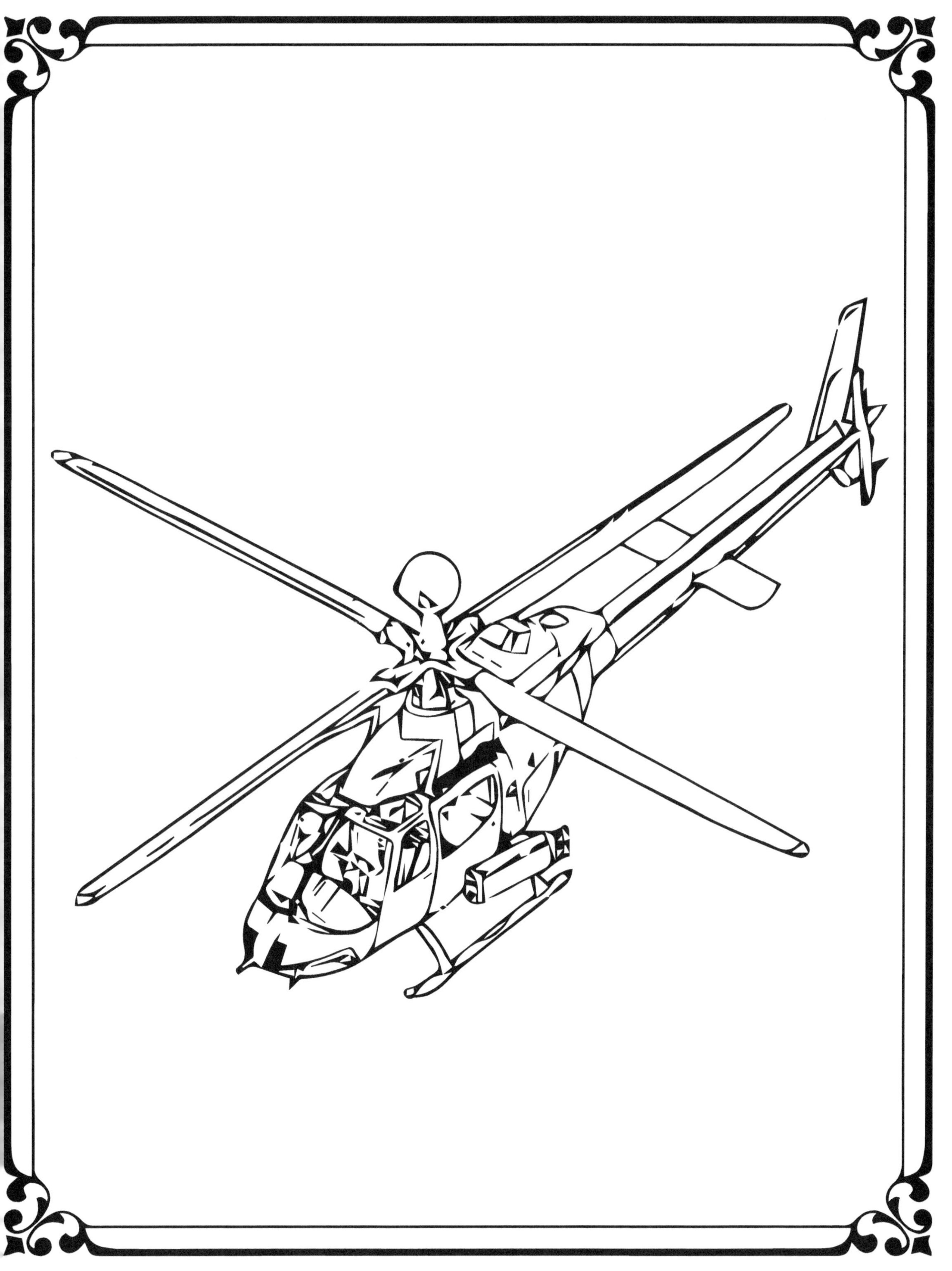

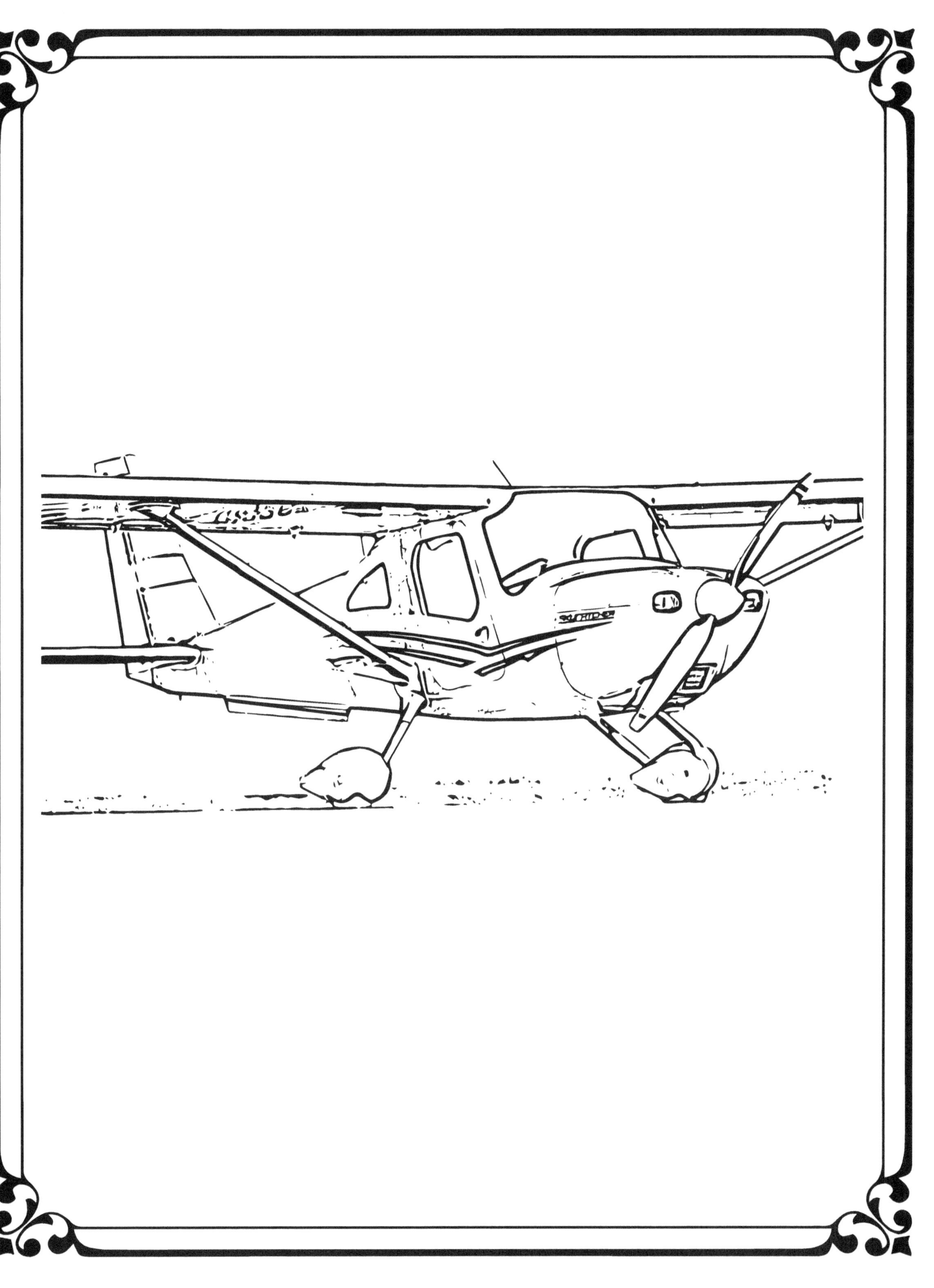

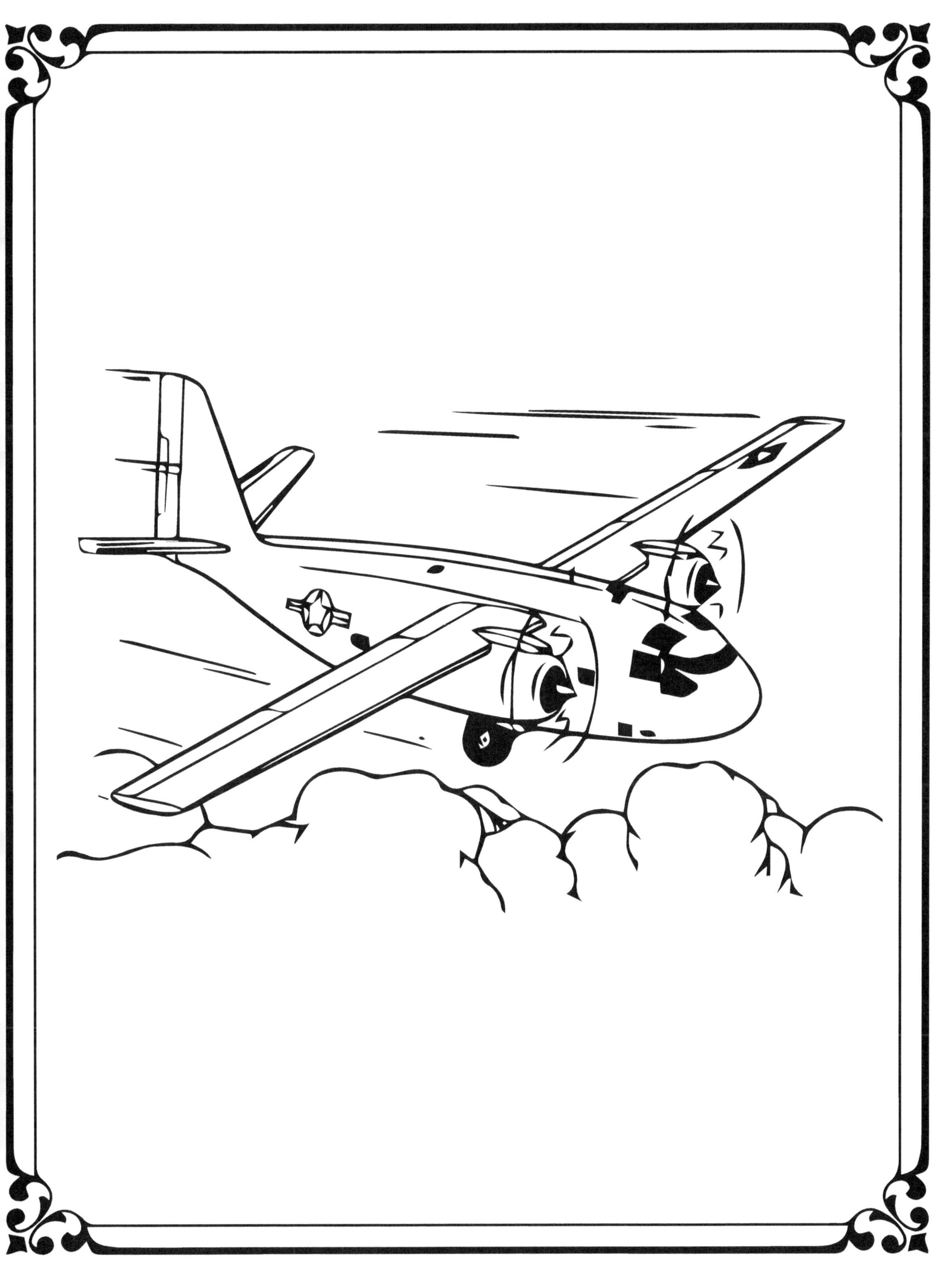

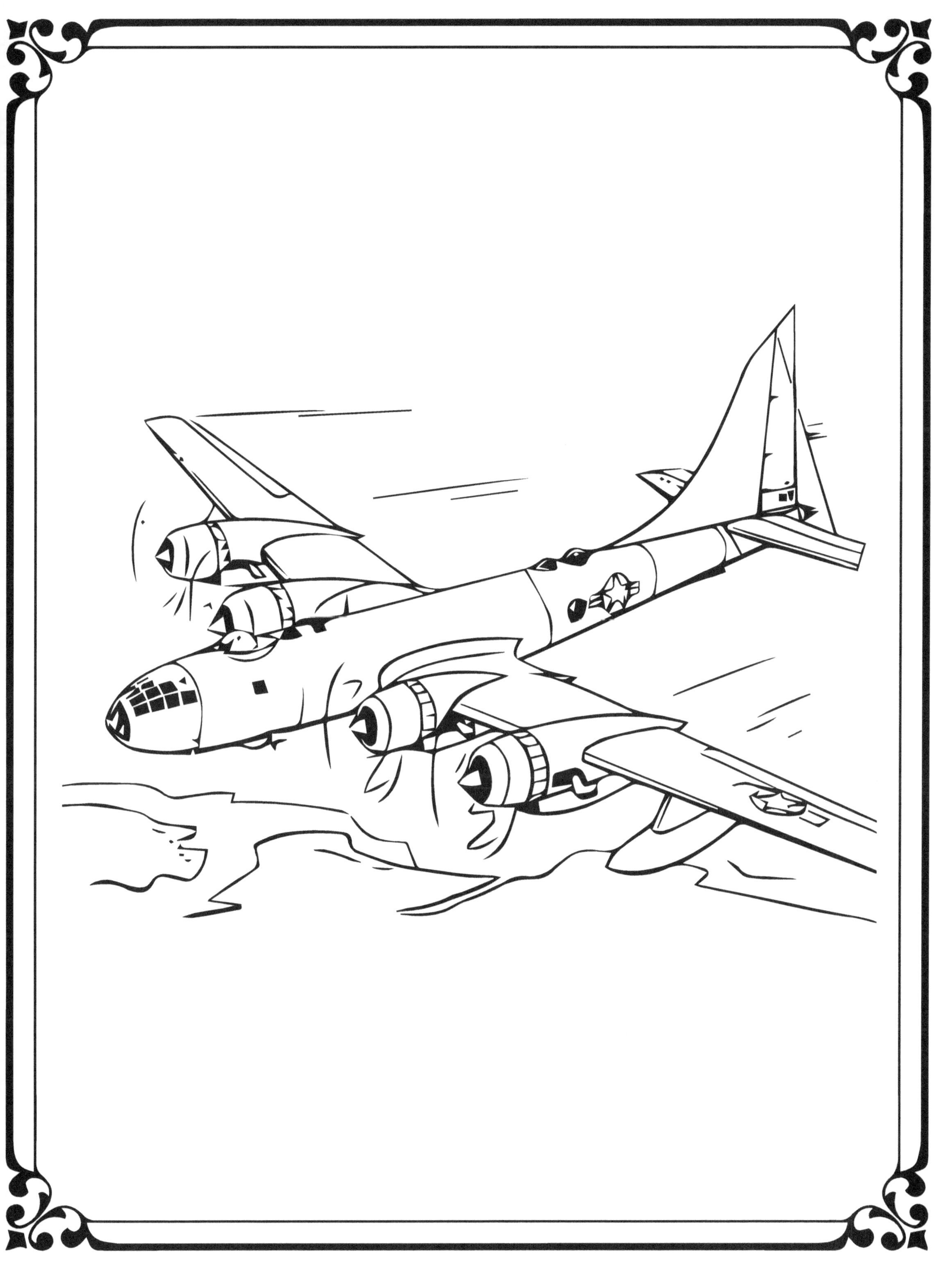

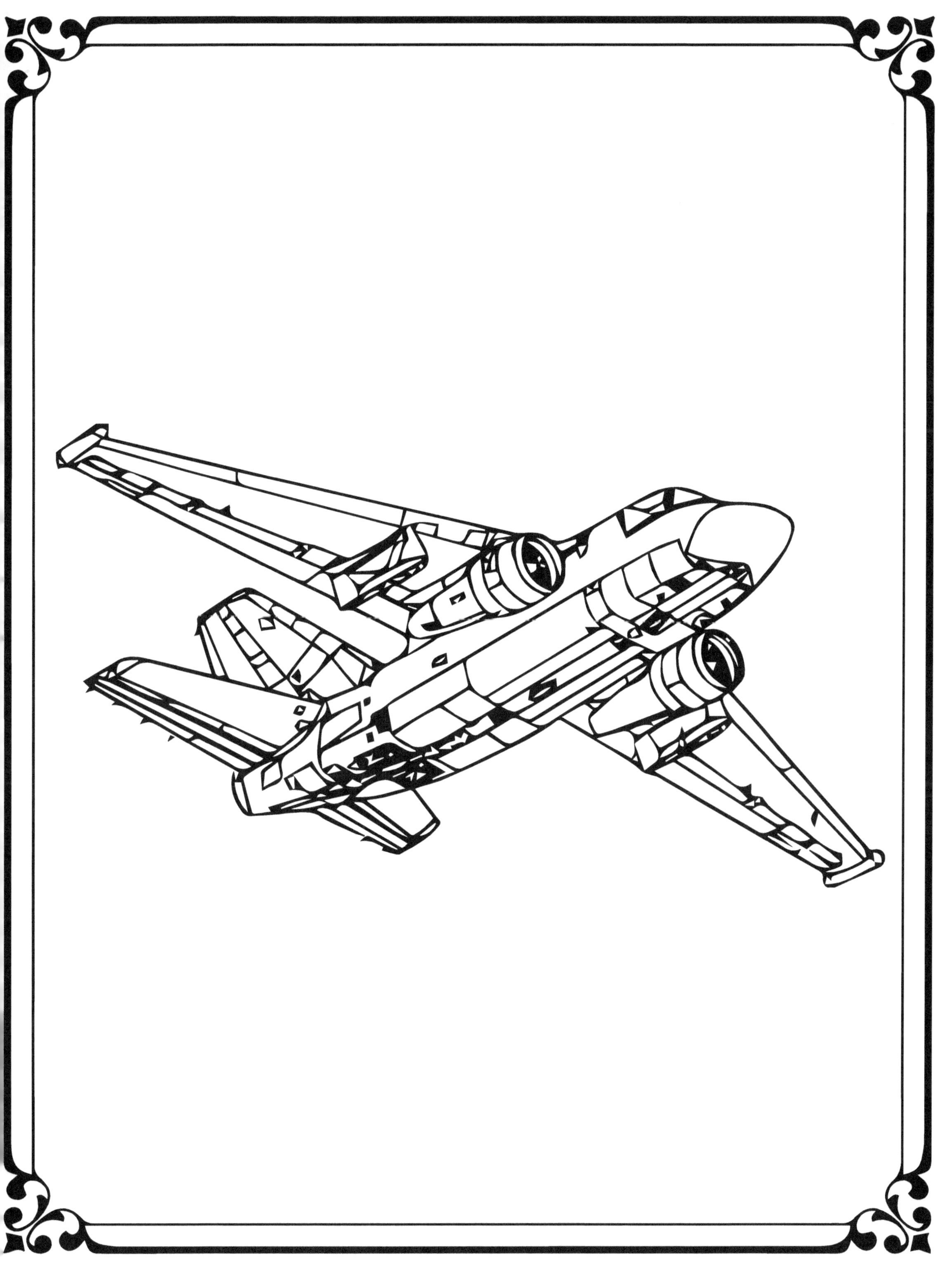

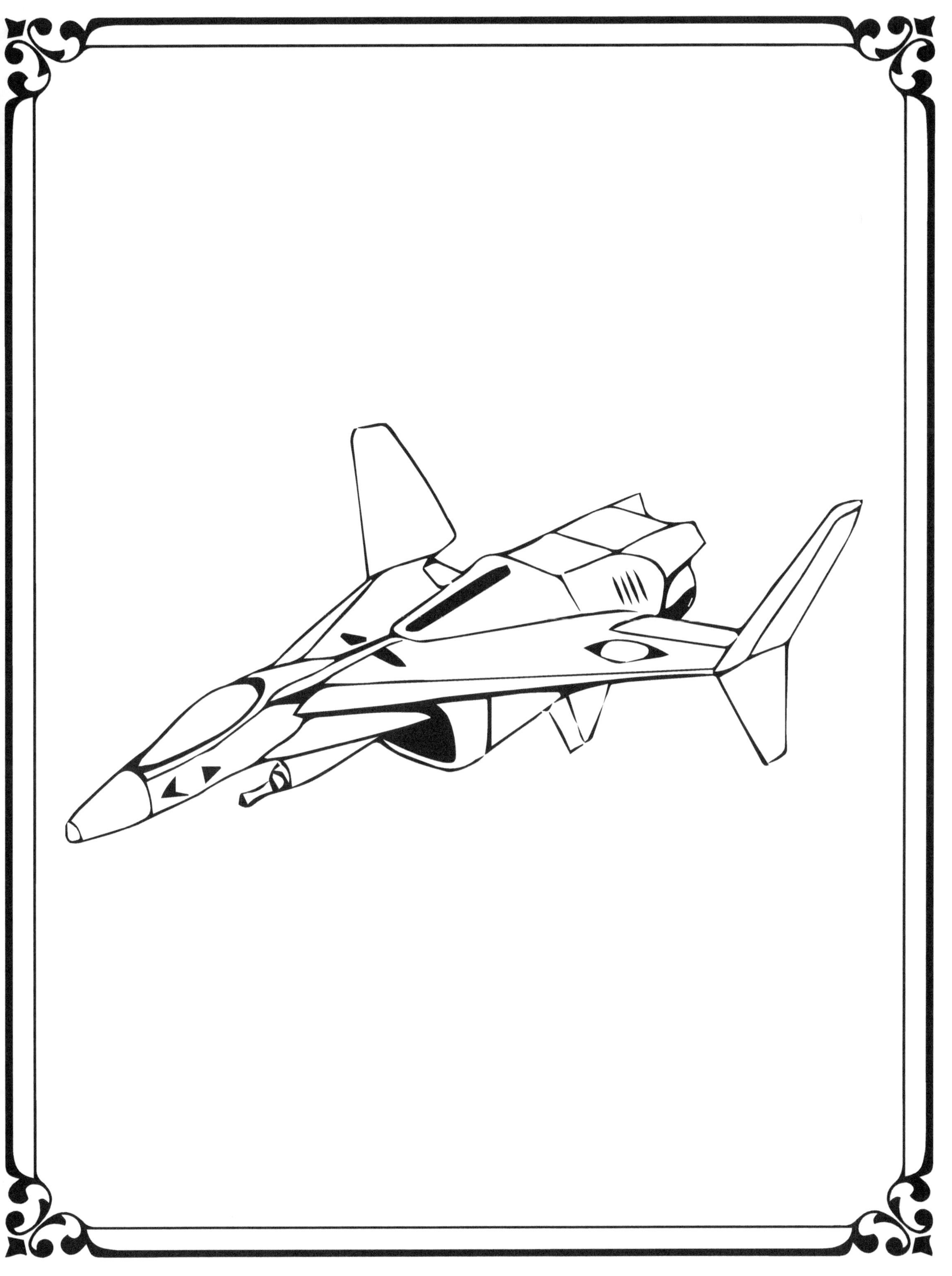

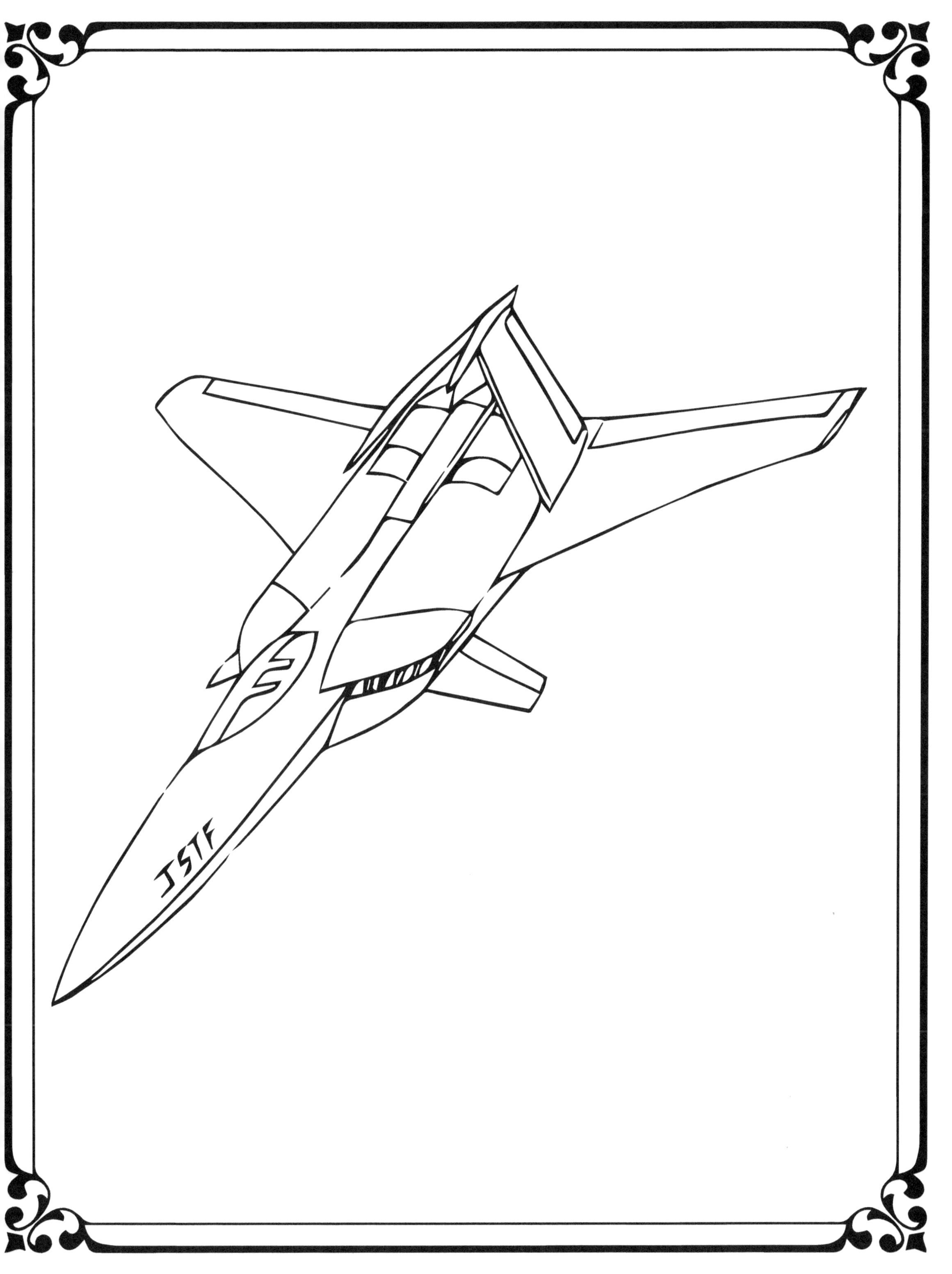

JSTF

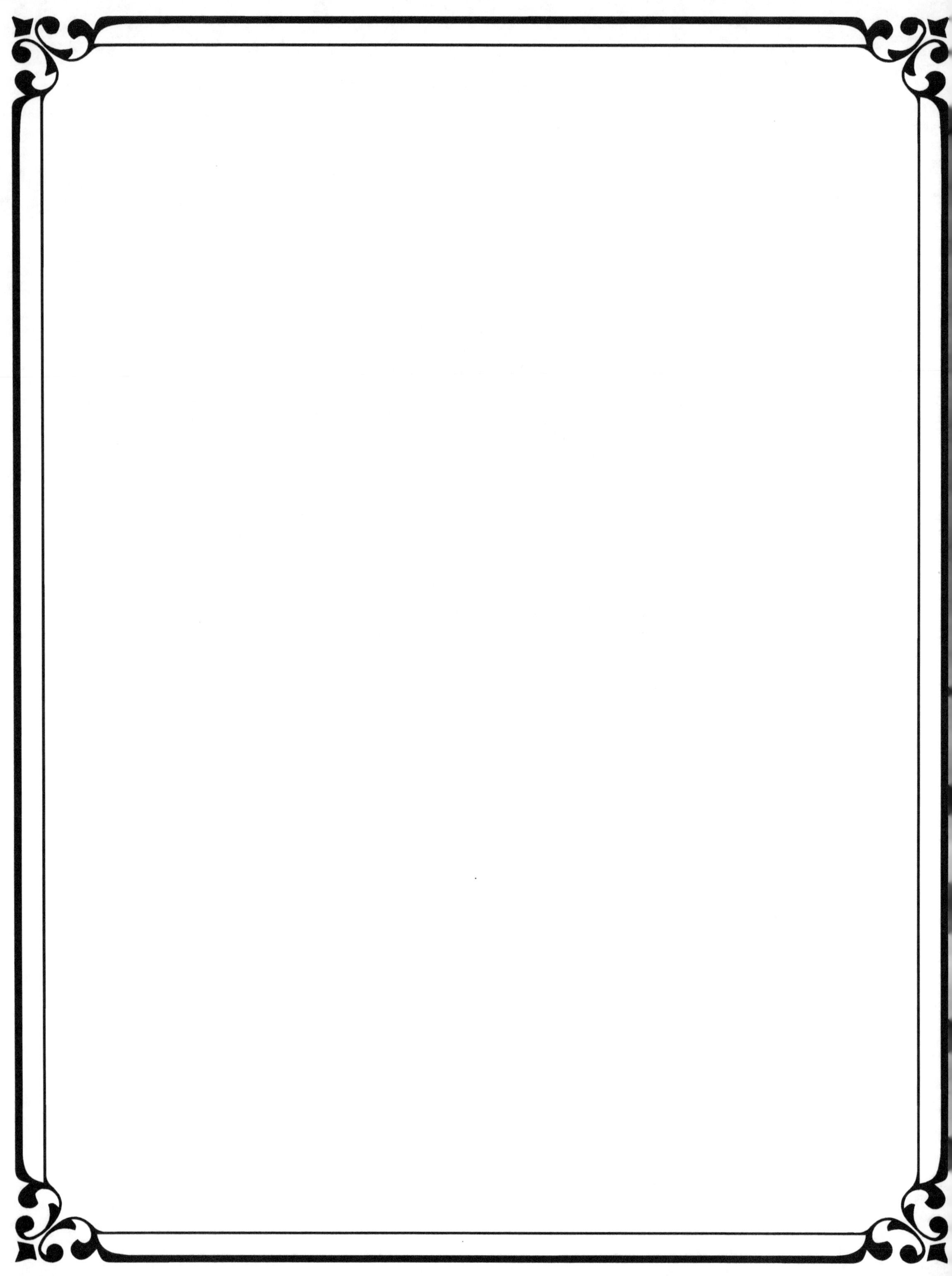

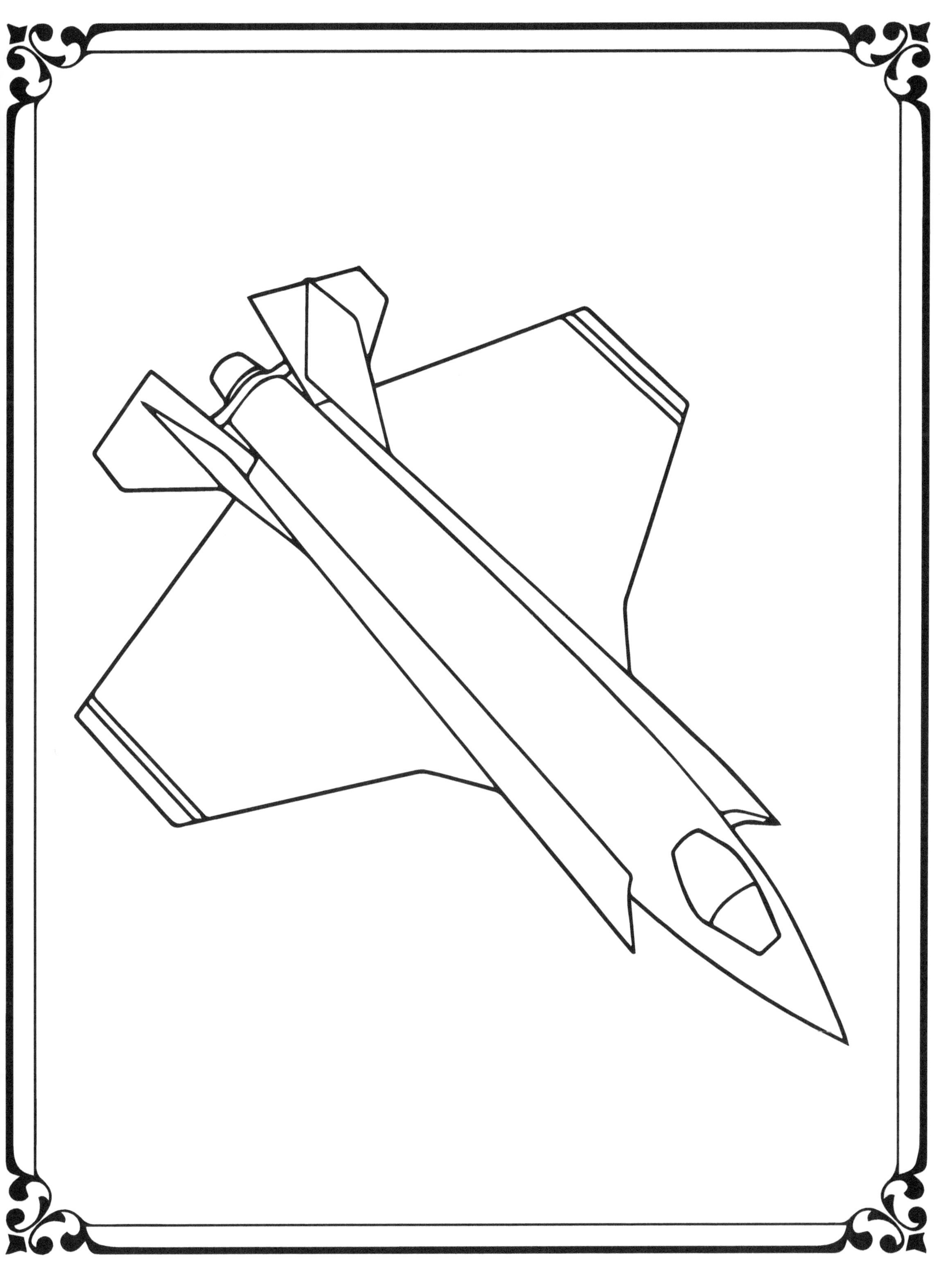

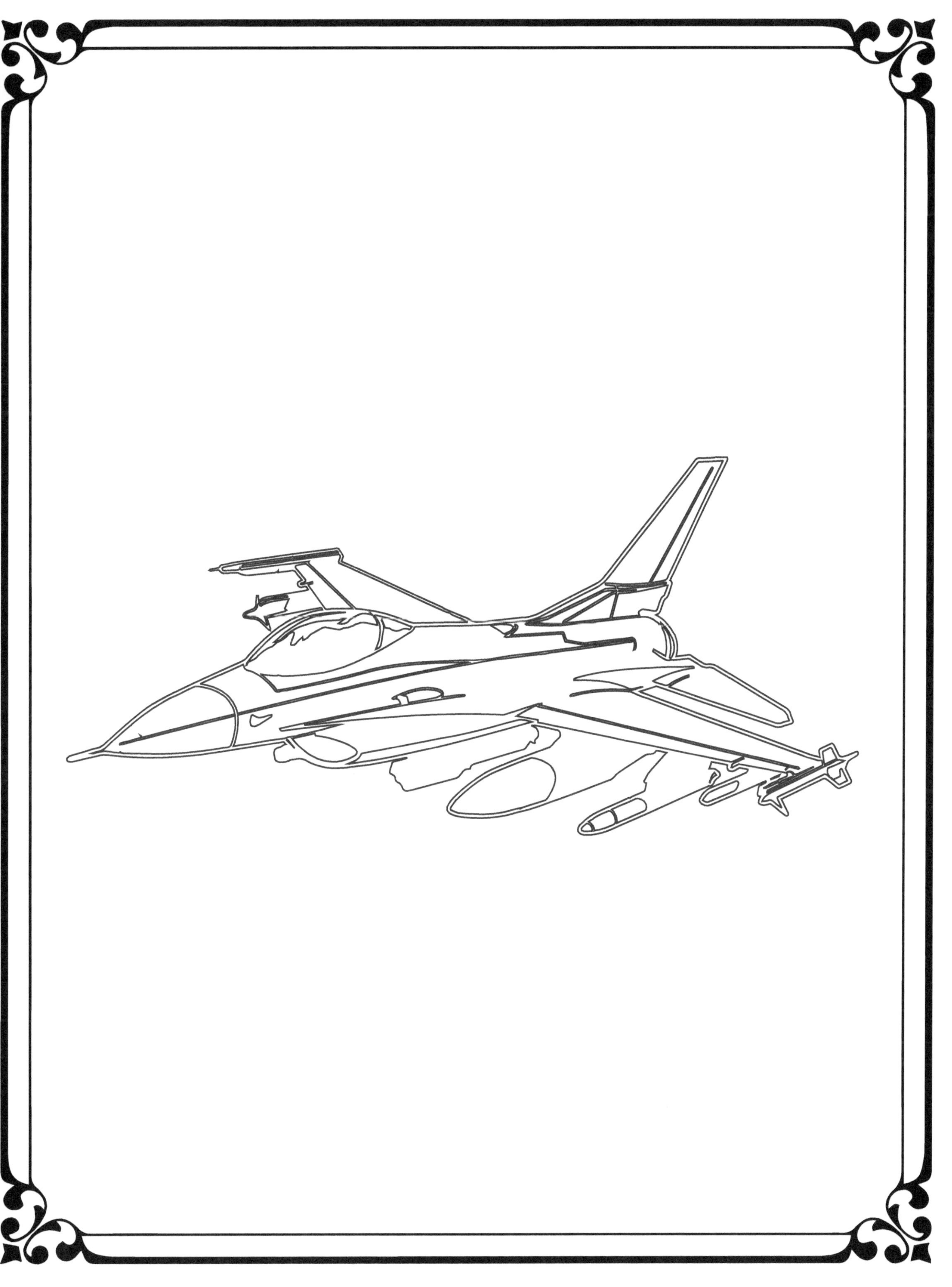

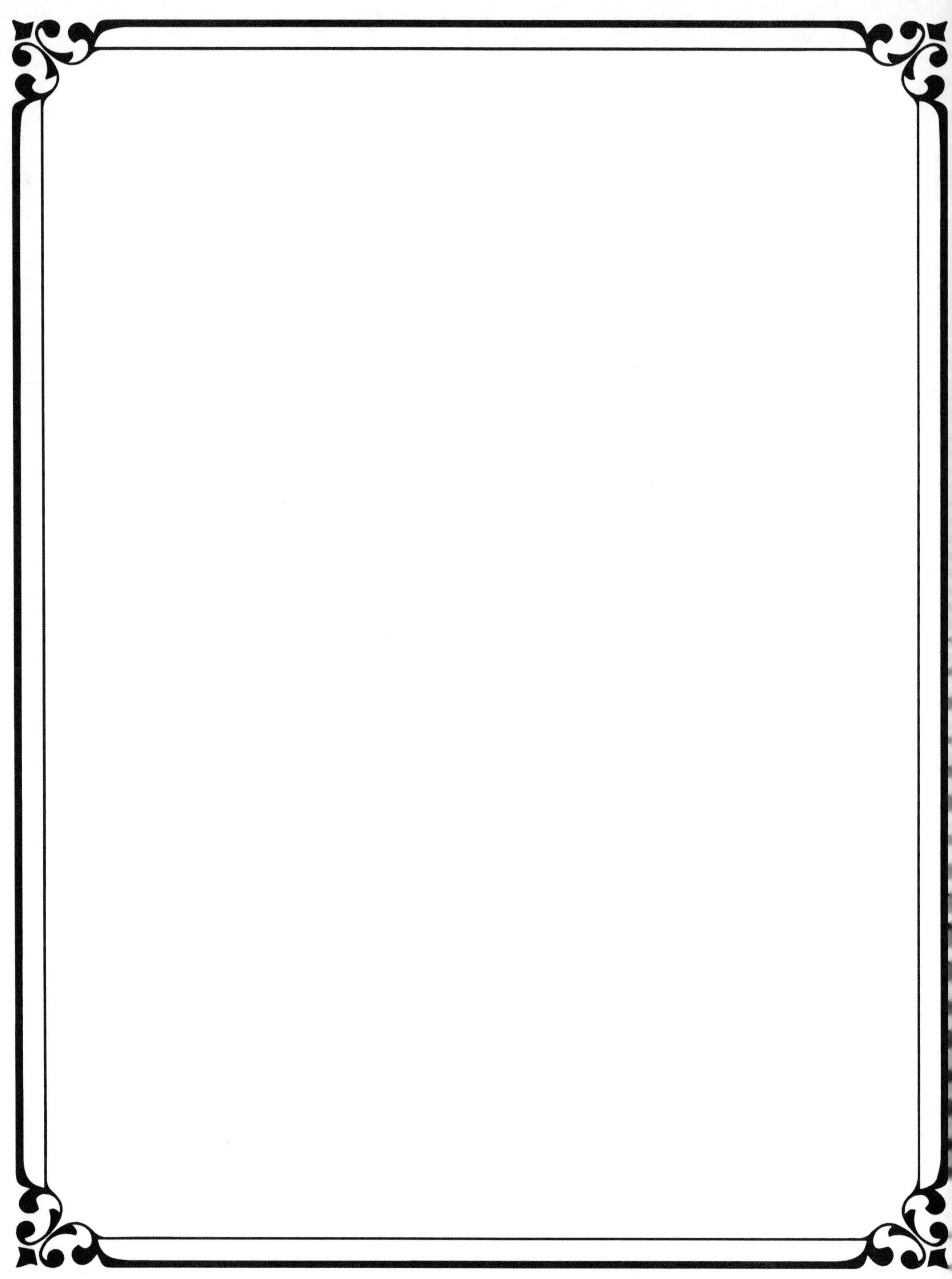

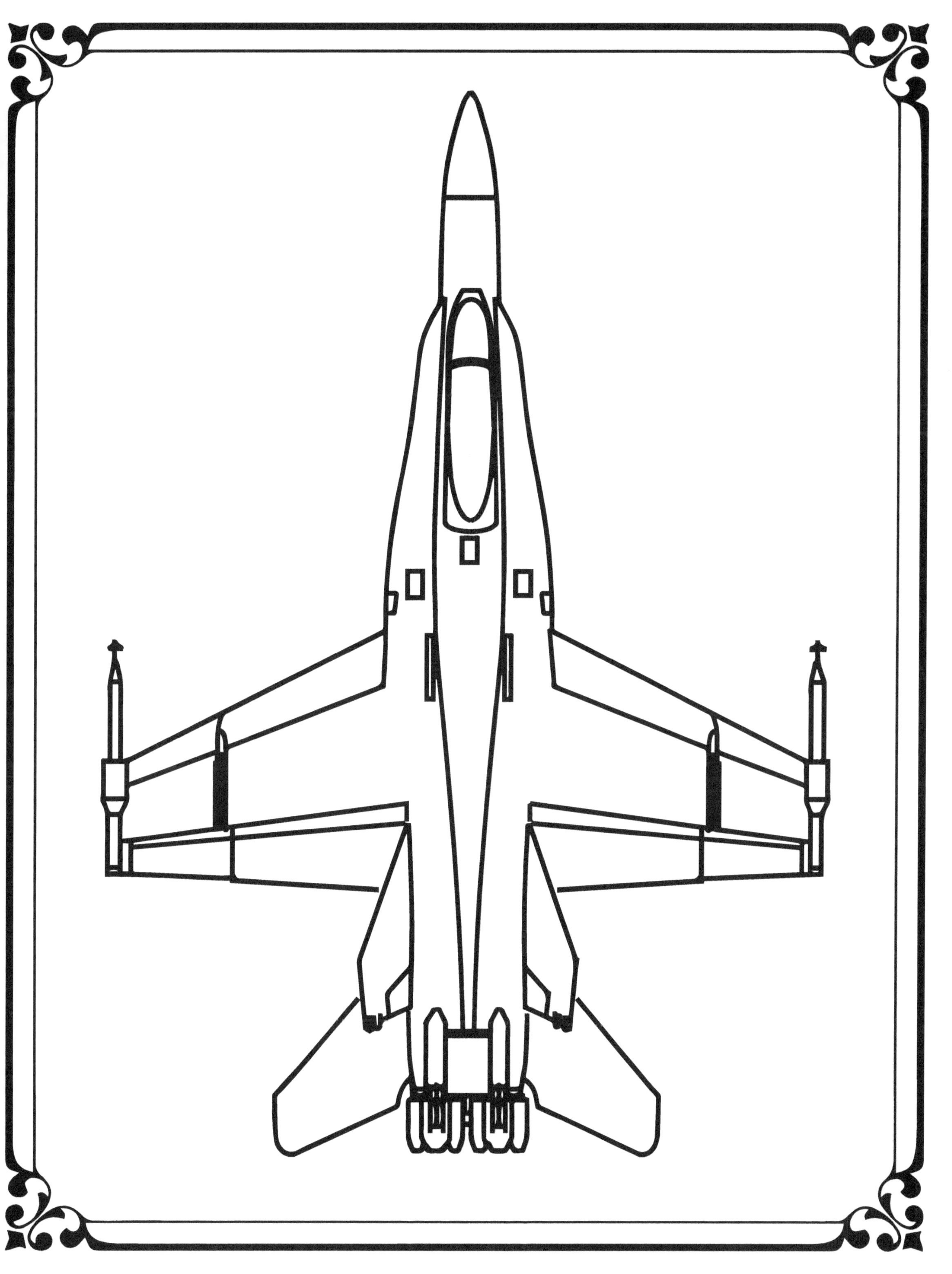

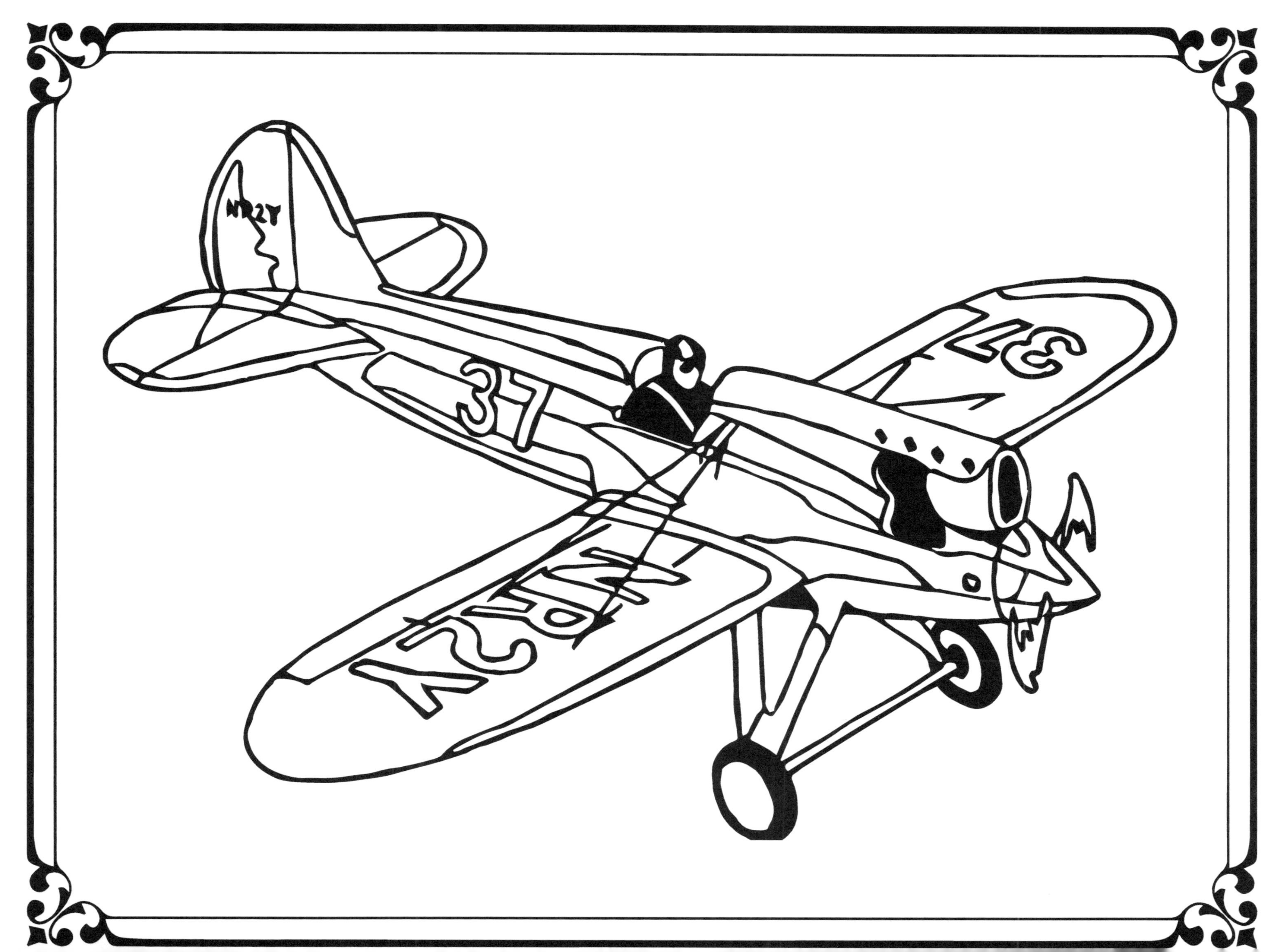

NR2Y
37
37

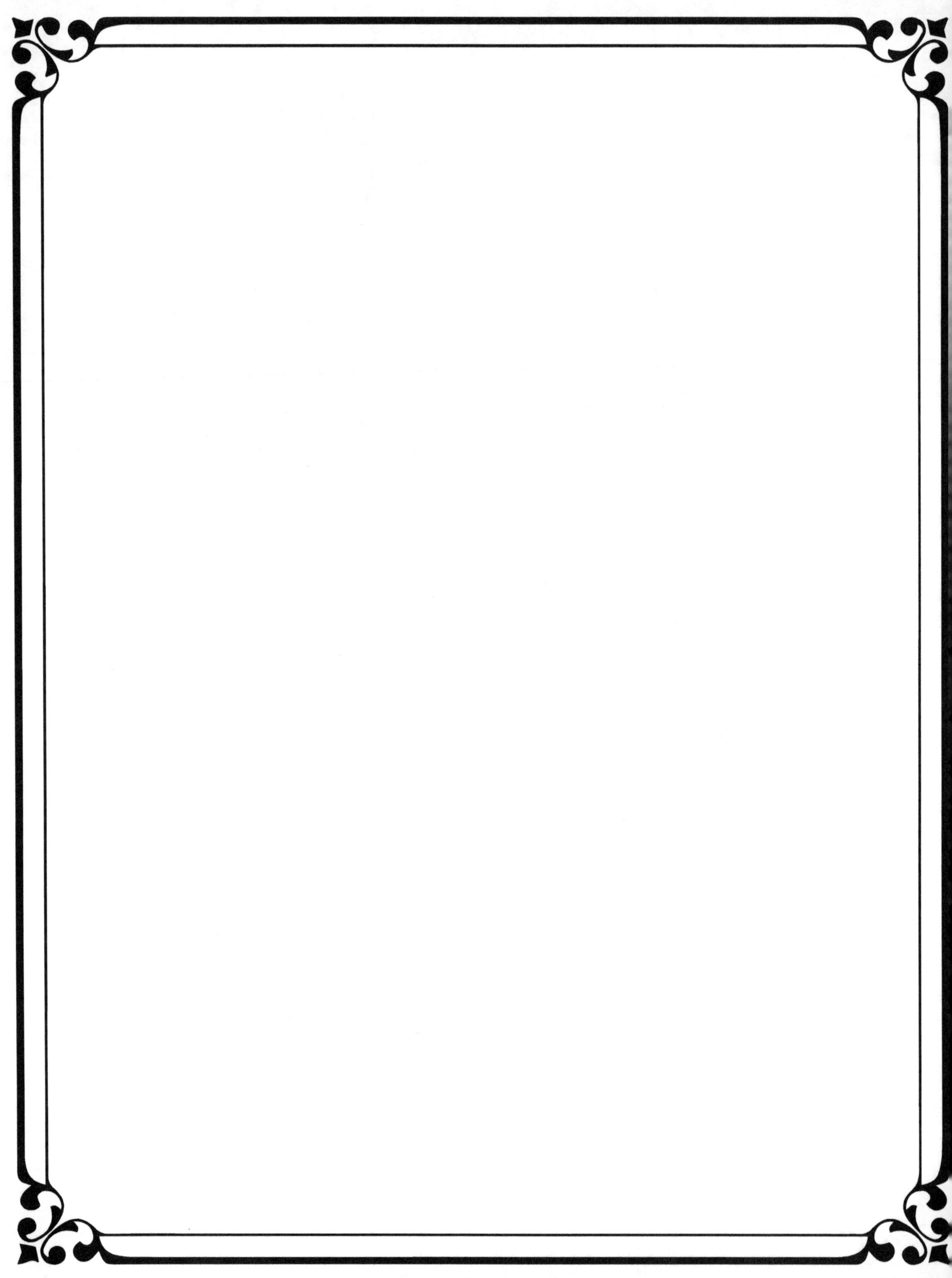

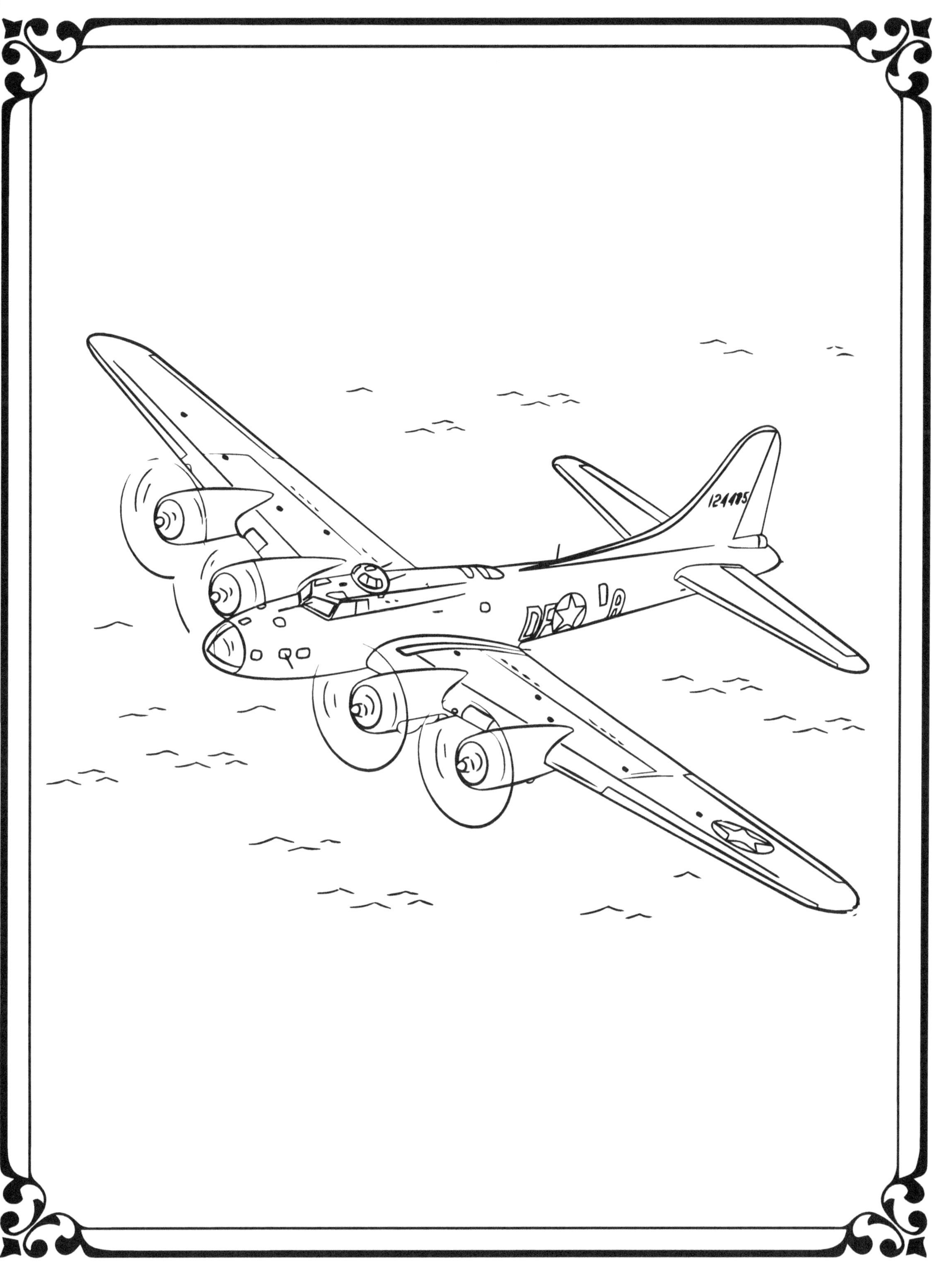

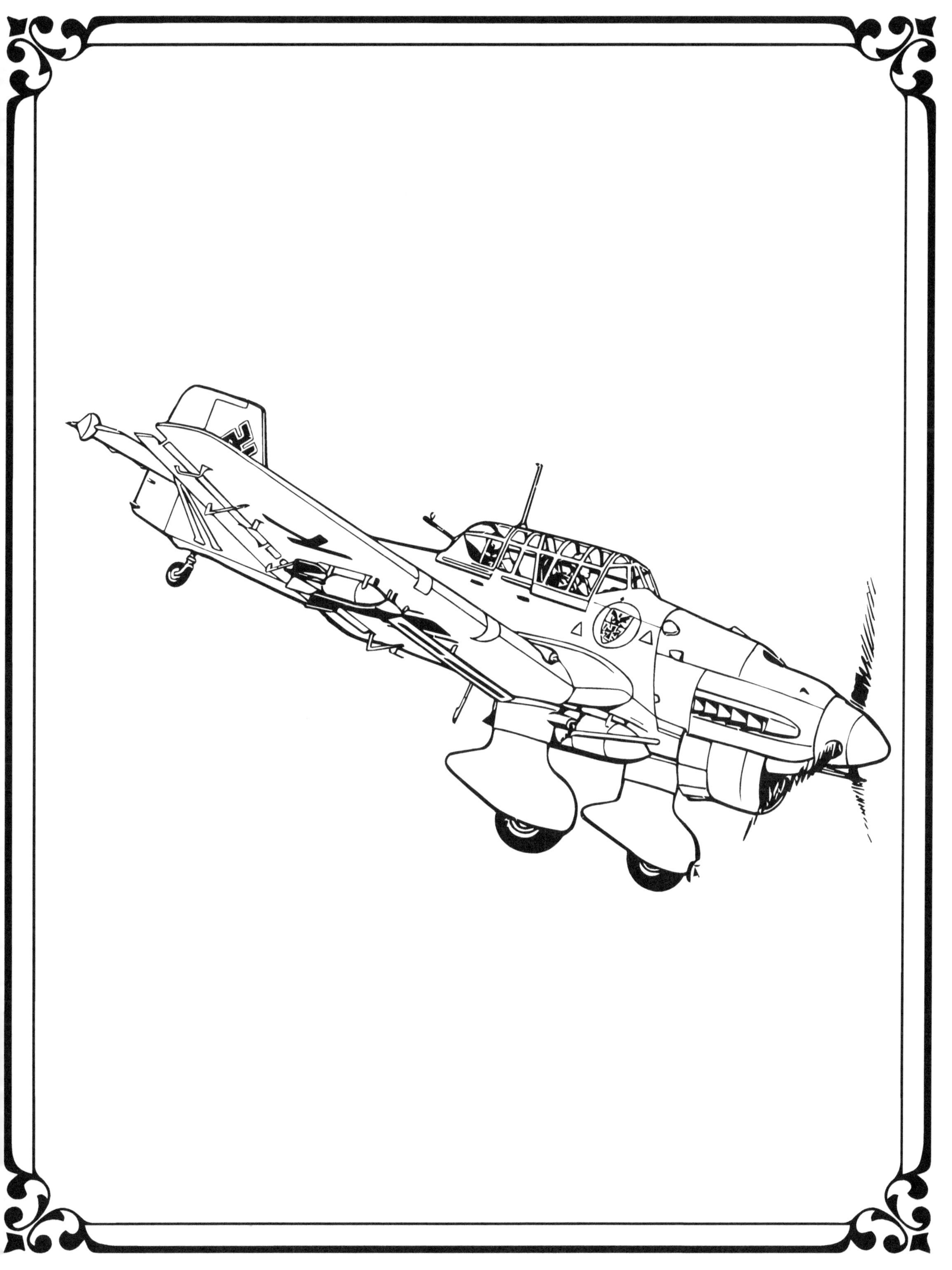

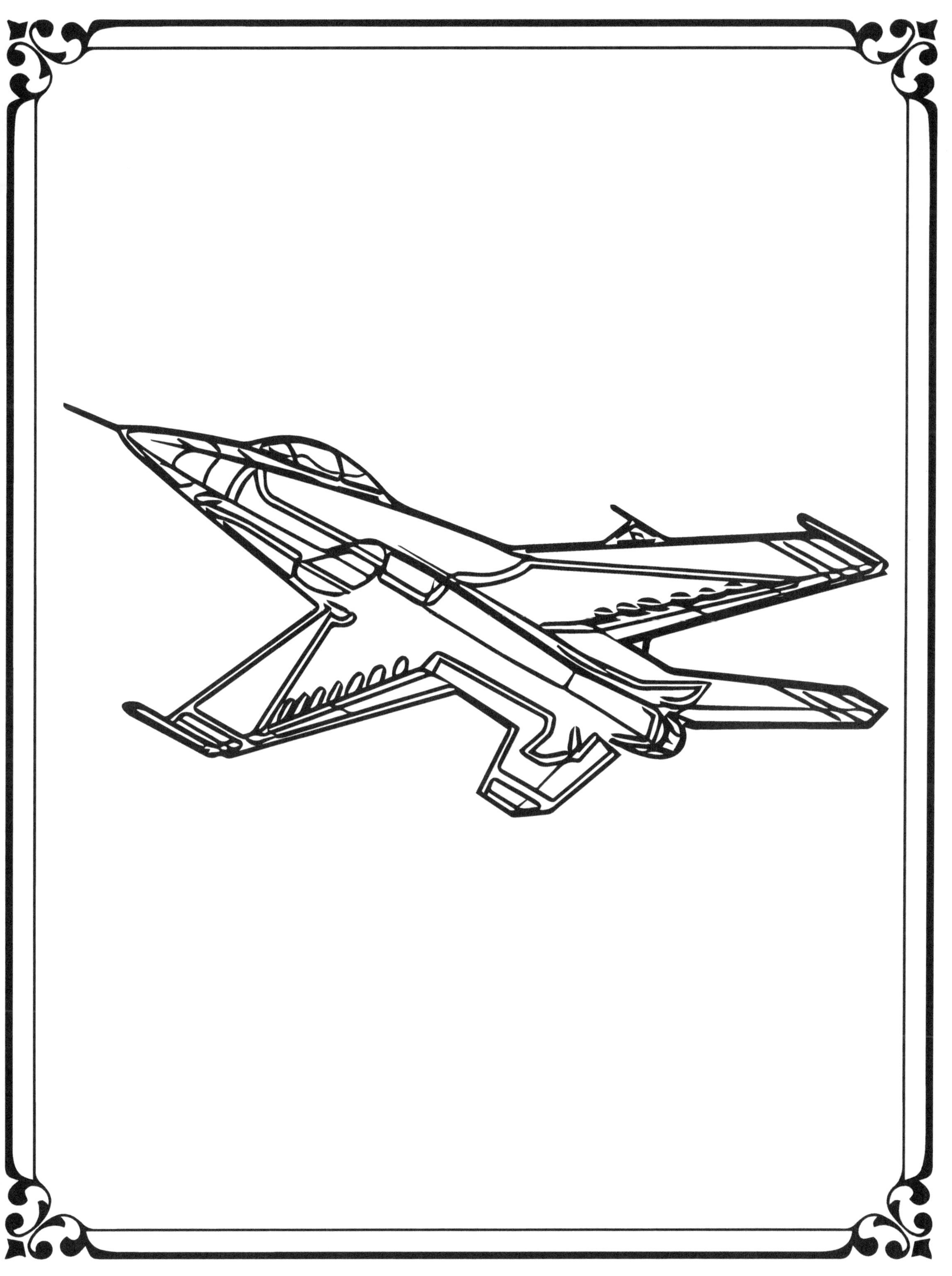

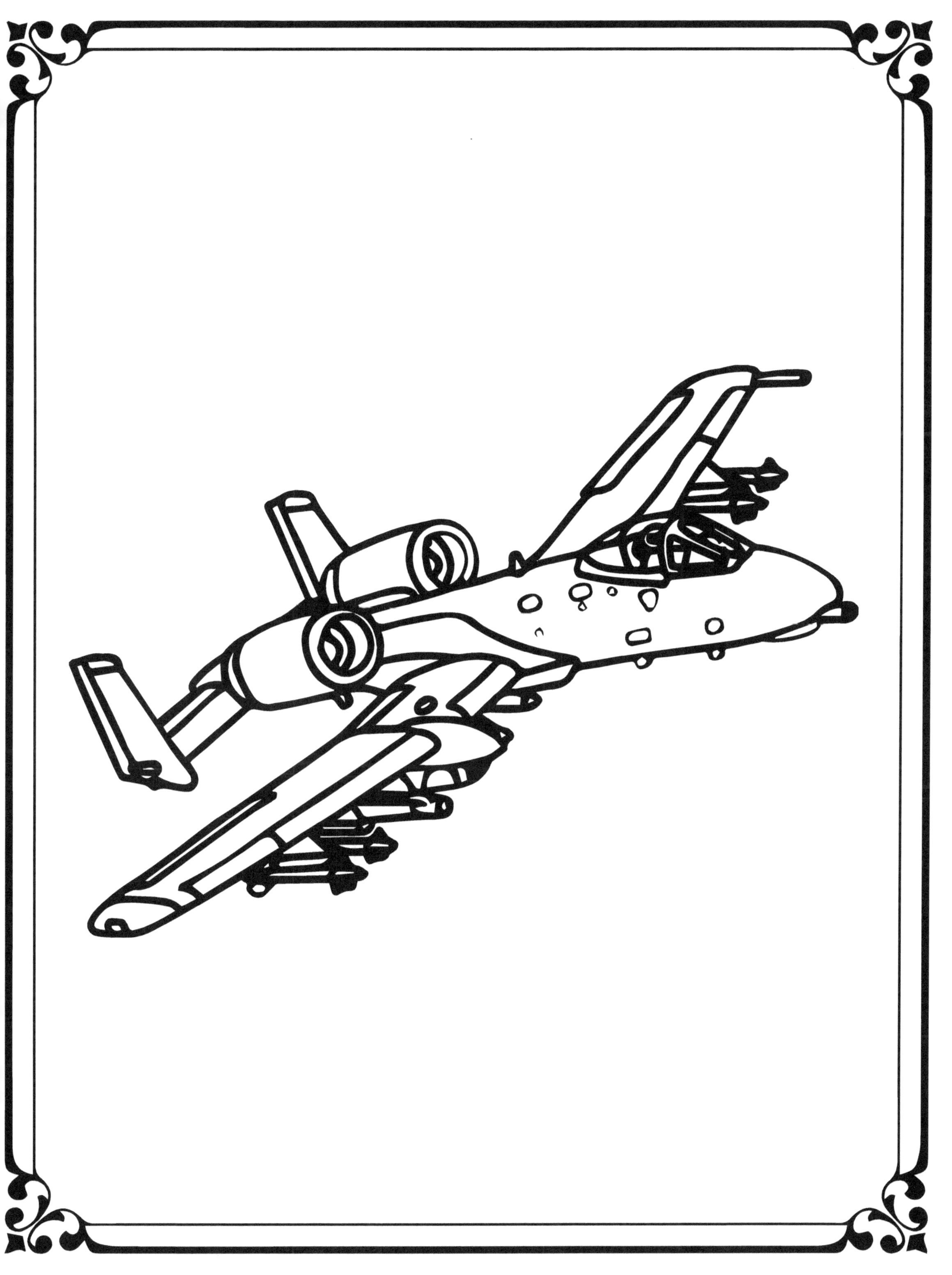

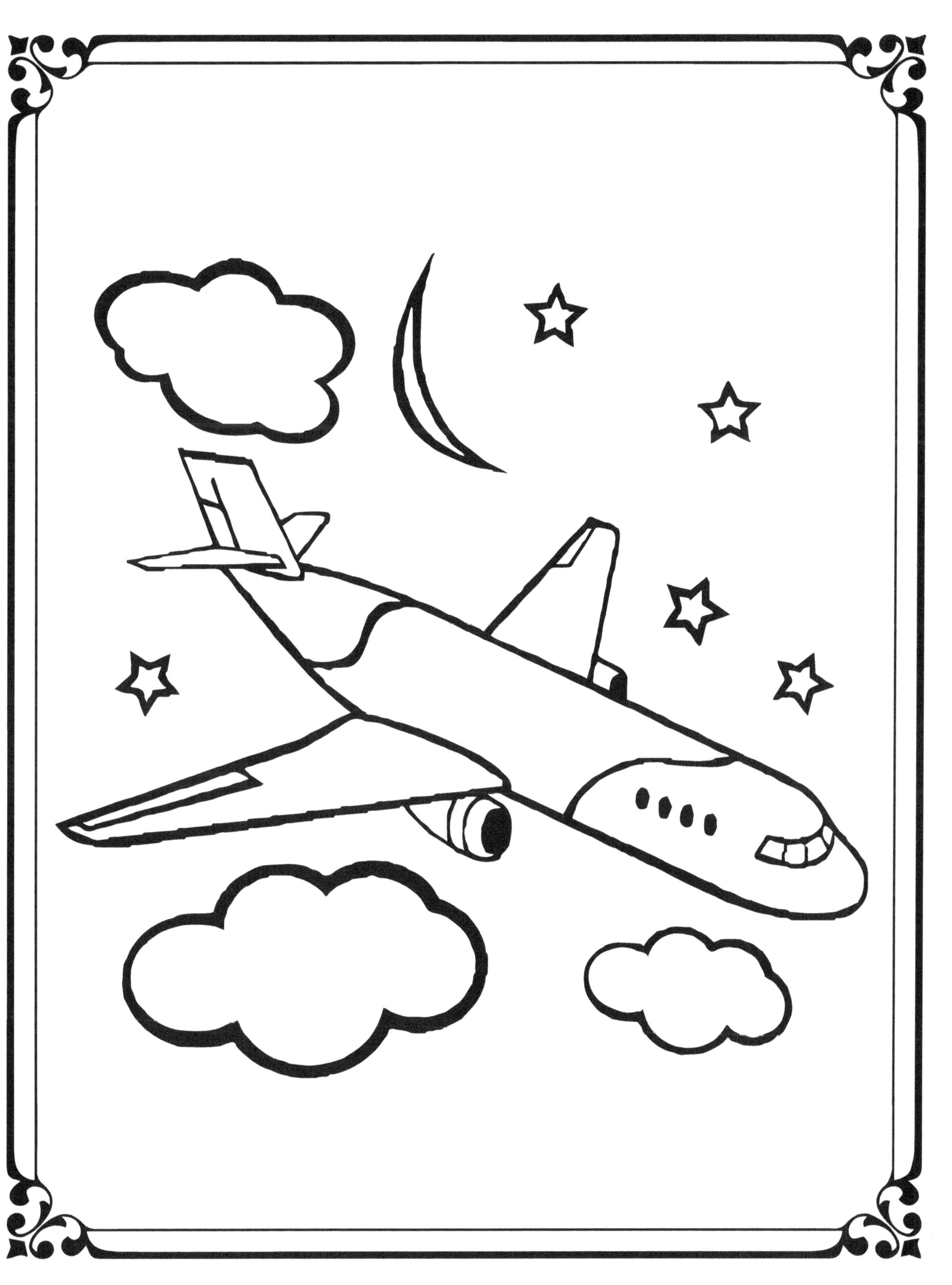

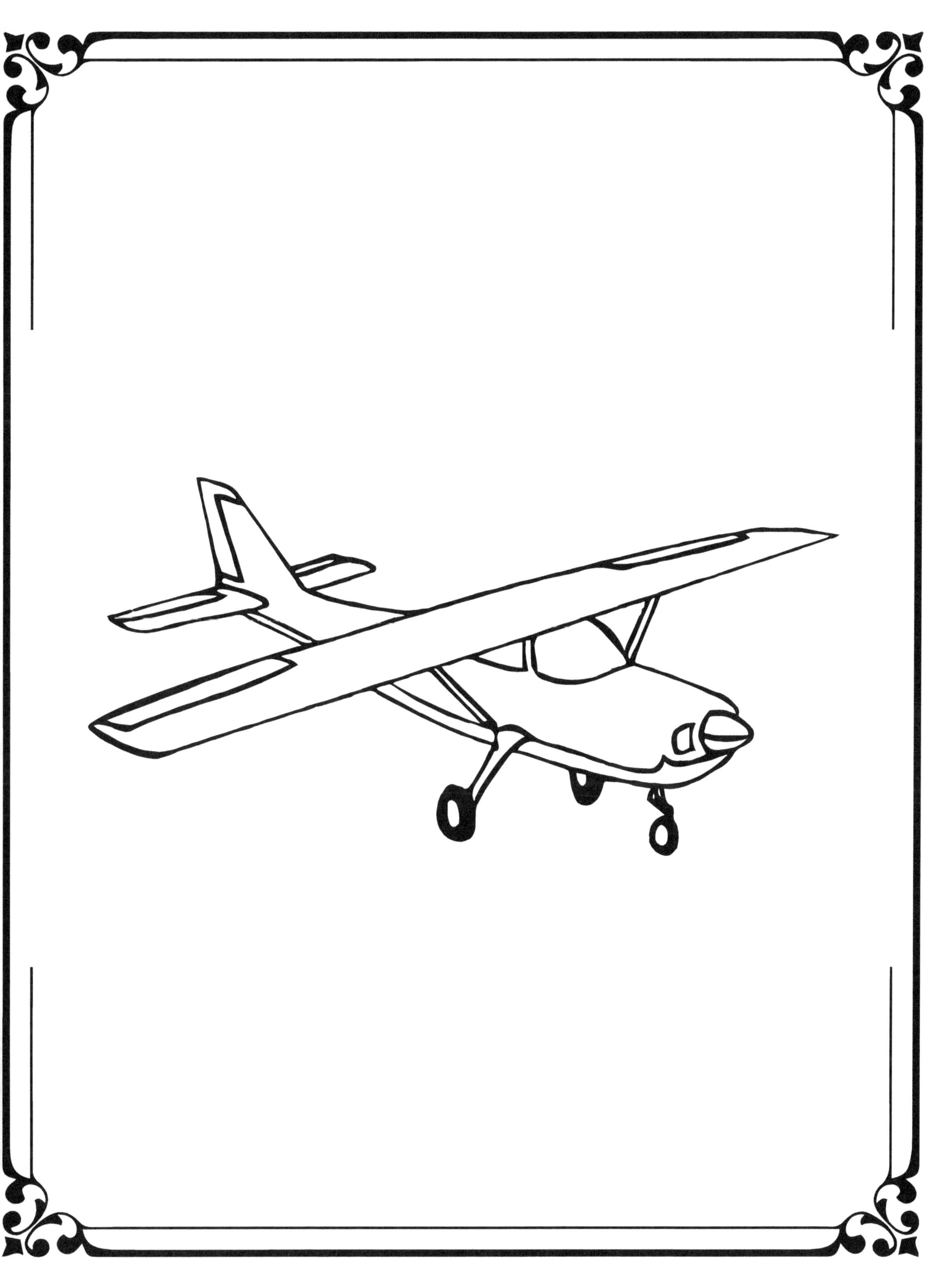

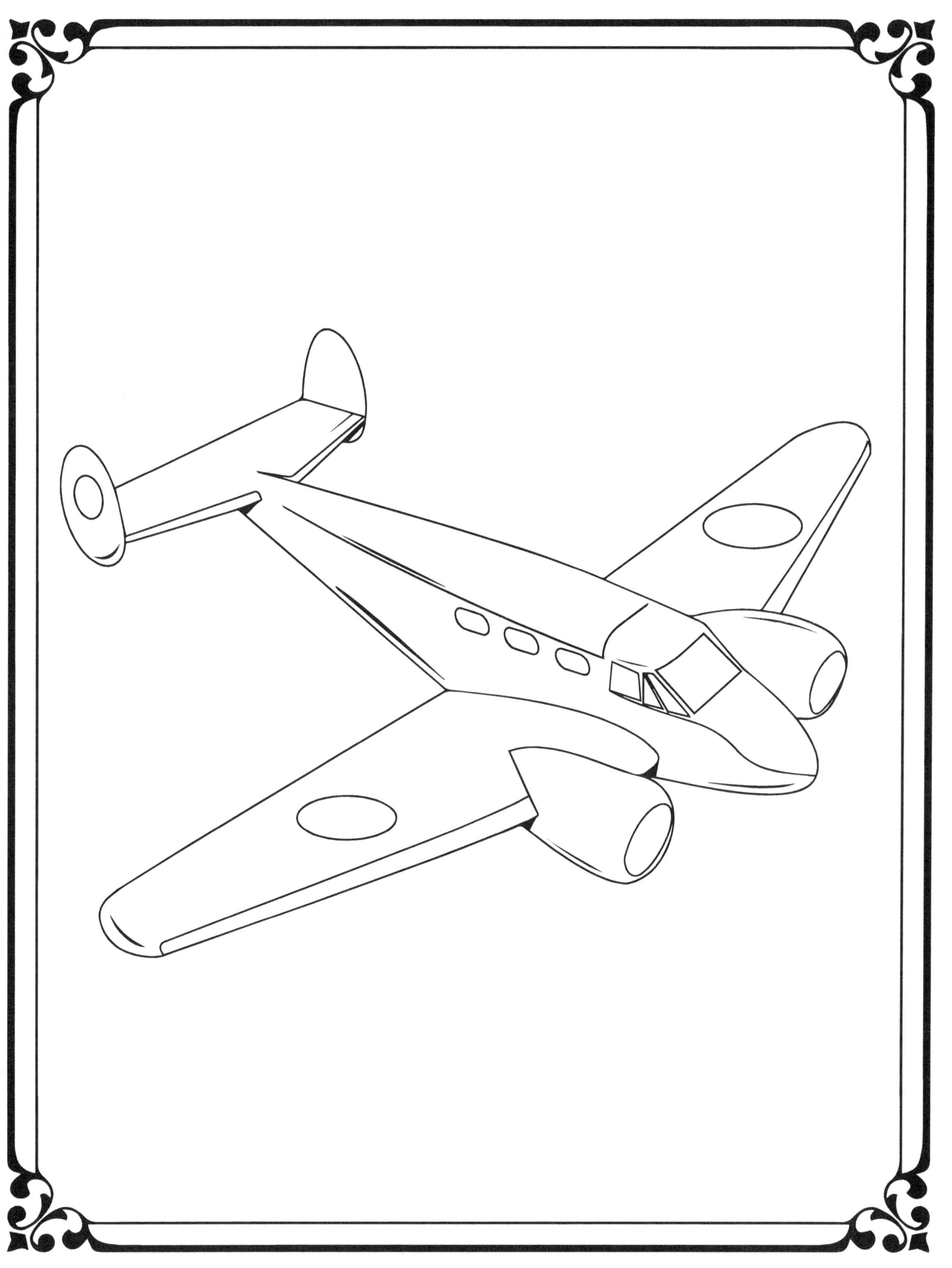

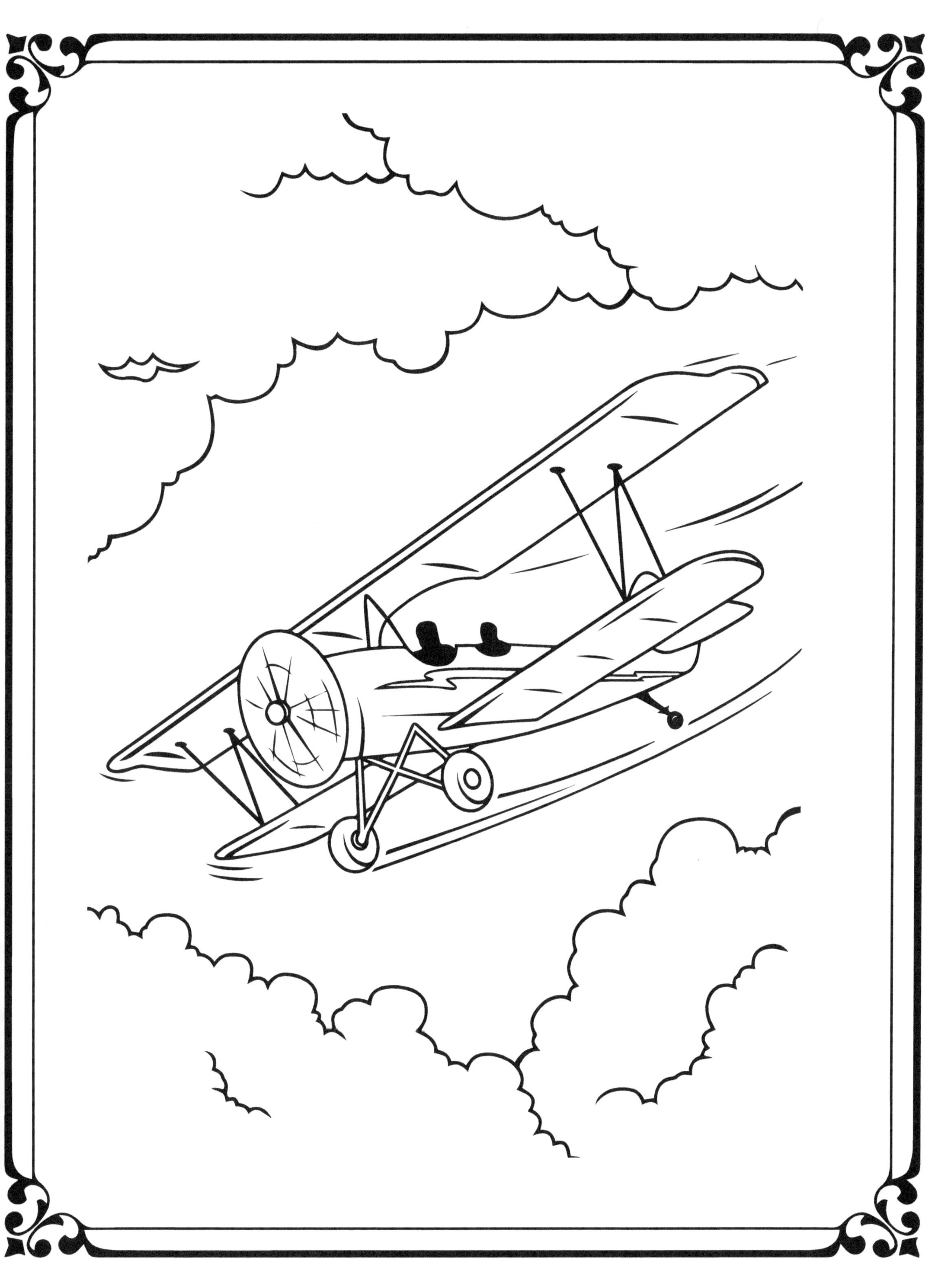